小学校の教師

——子どもを育てるしごと——　改訂版

石川律子

溪水社

刊行に寄せて――プロの教師の本当の姿とは――

もう半世紀近くも前のことになりますが、私が子どもだった頃、教師は尊敬の対象でした。子どもの保護者からも、地域の人たちからも一目置かれていたように記憶しています。今では、「師と仰ぐ」という言葉自体が死語となりつつあります。

私は、社会科教育の研究者です。それ以外に取り柄はありません。大学院生の頃には、師と仰いだ先生方の著書や論文をすべて集めて、徹底的に読み込んだものです。それだけではありません。日本各地の大学で社会科教育を研究されている諸先輩の著書や論文を読みあさりました。私の研究室には、恩師や先輩方だけでなく、後輩も含めて、百冊を超える個人別論文ファイルが今も並んでいます。

将棋の羽生善治名人が、著書『決断力』（角川書店、二〇〇五年）の中に興味深いことを書いていました。「仲間に信用されること」が強さの秘訣だというのです。プロ棋士の間では、技術的にも、実力的にもほとんど差はないのに、大山康晴名人や中原誠名人のように何期にもわたって棋界に君臨される方がいる。羽生名人も、その一人に数えられるのでしょう。これは、相手が強いと思えば思うほど、自分が有利な場面であったとしても、どこかでひっくり返されるのではないかという不安がつきまとい、それがミスを呼んでしまうからだそうです。相手が悪手を打った場合でも、何らかの意味があるのではないかと考え込んでしまうのも、信用の裏返しということになるのでしょうか。

他方で、「昔の棋士が、今の棋士と対戦したら対等に戦えますか」という問いに対しては、「現代の棋士のほうが圧倒的に強いと断言できる」と述べています。それは、「今の情報化時代の将棋では、その頃の戦法や指し手はすでに常識になっている」からだそうです。プロ棋士の世界では、諸先輩の戦法をすべて学び取ることは言うまでもなく、新しい戦型や指し手を創造することによって、日ごとにレベルの高くなった戦いが繰り広げられているという訳です。

プロの教師の世界は、どうでしょうか。先輩の教師が果たしてきた仕事を継承できているでしょうか。すばらしい教師に出会った場合、その実践の秘訣をきちんと学び取って、自らの実践に生かすことができているでしょうか。残念ながら、そのようなプロ意識は徐々に薄くなってきているように思います。その場しのぎのマニュアル的な学びが横行し、教師が自らを成長させていないために、周囲の信用を失ってきているのではないでしょうか。それでは、教育がうまくいくはずもありません。

石川律子先生が、なぜ本書を執筆して、世に送り出そうとされたのか。『小学校の教師——子どもを育てるしごと——』を拝読する中で、私が思い至ったのは、このような問題意識でした。いつの世でも、問題意識や主張は、現実の裏返しです。

石川先生は、前著『仮面――小学校教師の教材探訪――』（溪水社、二〇〇七年）において、「子どもの成長を願い、社会化していこうとする教師の意図が確固として存在していてこそ、教材研究は深まりを見せ、教育的意味を包含していく」ということを、自らの教材研究の歩みを事例として見事に描かれています。それは、教材研究の具体的営みと子どもの育成とのかかわりを叙述された名著です。けれども、教材研究は、小学校教師の仕事の一部にしか過ぎません。

そこで本書では、石川先生が、自らの体験を踏まえて、子どもを育てる教師という仕事を全体的にとらえ、専門職としての意味を深く検討されています。数多くの具体的体験を宝石のように散りばめて、思索を繰り広げられています。必要なことだけを学び取って活用したいと考えている方には、散漫な叙述のように見えるのかも知れません。けれども、過去の実践を丸ごと受けとめて、その意味や意義を深く掘り下げて考え、自らの思索と成長に生かすという学びが薄くなってしまった今という時代だからこそ、本書の価値は計り知れないほど大きいように思います。

プロの棋士が対局した棋譜はすべて公開されているそうです。棋士が先輩の戦法を学び取ることができるのは、そのためです。研究者の著書や論文も同様です。

それに対して、教師の実践の歩みや秘訣は、先輩と後輩が親しくなることによって伝えられてきたという側面があります。親しい方には話せるが、広く世間に公開するのは恥ずかしいと考えられてきました。なぜならば、自らの失敗を語らなければ、その教師の実践のよさを伝えることは難しいからです。自らの教師としての成長を伝えるためには、失敗の連続を赤裸々に語る以外にないからです。したがって、石川先生が本書を執筆して世に問われたのは、心から敬意を表する以外にない行為であると、私は考えています。

本書を最後まで読まれれば、石川先生が万感の思いを込めて、本書を執筆されたことが伝わってくるはずです。最後になりましたが、本書を私たち後輩に伝えて下さった石川律子先生に心からの感謝を捧げて、私の御礼の言葉に代えさせていただきます。

平成二二年一一月六日

広島大学大学院教育学研究科教授　　木村　博一

はじめに

　このたびの『小学校の教師――子どもを育てるしごと――』でいいたいことは、小学校の教師という仕事のなかに、子どもとの細やかなもろもろがあって表にはみえていない、そういう教育活動のいわば「素面」をみつめ直したい、そういうことがもとにあります。といっても、日常では表沙汰にならない学校の裏話を興味本位に開陳しようというのではありません。日ごろ悪戦苦闘している先生、悩み多い子どもたちの本心にせまりながら、子どもを育てるという小学校の教師の、仕事の本質を考えてみたいのです。

　わざわざ本にするのは、教師には自分の現場の内実を再確認し、誇りと責任をもつことに寄与できればとの願いです。また保護者や一般の方々には、教育活動の表面と内面のありのままをほんの一部ですが知ってもらいたいのです。そしてこういう願いを届けるための視点として、ともかくも、子どもを一所懸命にみること、それが筆者の基本姿勢です。リタイアした人間だからこそこういう心境でいえることなのだろうと思います。

　振り返ってみれば、「学校」という教育システムはまことに特異な社会システムです。日本に近代的学校制度ができて百三〇年余、国家目的に、人間教育に、学校はその時々の社会の要請にしたがって様々に教育という役割を果たしてきました。しかし教育には、そのような社会の要求の前提として「その世代までの蓄積智を次世代に伝える」という役目があります。このことは単に人間のみならず、多くの動物たちの共通した「種の持続」のための宿命ともいえるでしょうが、そのなかで学校制度はまさに人間固有の教育システムとして、まことに特異な社会システムだと思うのです。

動物たちの家族や群での教育には考えられないような、深い、幅広い、しかも効率的な教育の成果があってこそ、学校制度は有史以来拡大され受け入れられてきました。けれどもそれがあまりにも日常的風景のなかに埋没してしまうと、その本質的役割が忘れられ、目先の要望が限りなく拡大してしまいます。ときにはあたりまえと思われる日常のことに疑問をもつことが大切かも知れません。『星の王子様』に出会った砂漠の花が、かつて隊商をみたことがあるといって「人間は根っこがないから苦労していましたよ」と話しかける場面。私たち動物がまぎれもなく従属栄養生物であるという自覚を促されます。同時に砂漠の砂の下からわずかな水分を吸収して生き続ける花のことを、たくましい独立栄養生物として再認識させられます。私たちは、日常の何でもない子どものしぐさから、子どもが何を欲しがっているのか、どう応えるとよいのか、それを的確に読み取る必要があるのです。それが、小学校教師という、プロフェッショナルの仕事の基本だと思います。

この本は、理論でもなんでもないけれど自分が書きたいことを書く、という純粋な気もちで書き進めました。途中で話題の背景にある考え方や参考文献など、紹介したいものが数多く思い浮かびましたが、なるべく話の流れを止めないように、その一部を各節の末尾に注として掲げました。しかし多くは、筆者がかつて読んだ二〇~三〇年も前の文献となってしまいました。インターネット情報や新刊の参考書とはいささか雰囲気を異にするかも知れませんが、世代の違いを感じていただくのも一興かと思います。

また、単に「教師」といった場合でも、その意味するところはほとんど公立小学校教師の範疇にとどまるなど、舌足らずのところがたくさんあろうかと思います。どうか意を汲んでいただき、お読みくださった方のご批正をいただければまことに幸いです。

本書の執筆にあたっては、広島大学大学院教育学研究科教授　木村博一先生に貴重な助言を賜り、巻頭の言葉をいただきました。先生のあたたかいご指導に、あらためて深く感謝申し上げます。またこのたびも溪水社の西岡真奈美氏にお世話になりました。重ねてお礼を申し上げます。

平成二二年一二月

著者

目次

小学校の教師——子どもを育てるしごと——

Ⅰ　子どもをみる視点

教師が子どもをみるのは、子どもを理解したいからである。子どもを理解しなければ教育の効果をよりよいものにできない。教師の仕事の基本は、まずしっかりと子どもをみることである。子どもをみるということについて、対象（子ども）と観察者（教師）の両面から考える。

まず、子どもを対象としていろいろな側面からみること。各教科、総合的な学習、道徳、特別活動、あるいは掃除、給食、遊びの場面など、学校生活全体における子どもの言動や様子についてみる、といったぐあいである。これは第二章以降のテーマでもある。

一方この章の主題は、観察者（教師）が子どもをどういう立場や視点でみるかということ。子どもを直接指導する担任として、学校という組織体のひとりとして、保護者として、地域社会から、あるいは子ども自身の立場からなど、子どもをみる様々な視点がある。しかしこのような複眼的な視点を一人の教師が備えることはなかなか難しい。先輩、同僚、保護者などの協力も必要である。そういう自覚が肝要である。

1　教師がみる子ども

学級担任は経験を積むほどに子どもを理解する力量が身についてくる。そして、教え導くという視点のなかに子ども自身の見方や考え方を組み込んでいくことがあたりまえのこととなる。あたりまえであるがゆえに、ともすれば形骸化する。

とにかく「子どもをみる」ことから教師はスタートする。しかし新米教師にとってはそんなに単純明快なことにはならないのである。

毎日子どもの前に立ちつつ、子どもがみえていない。そういう自分自身の状況から、話をはじめることとしよう。

新米先生

弾む心で迎えた新任の四月。私の担任は一年生。三クラスのうち両隣は四〇代のベテランの女性の先生。何でも聞きなさいといわれても何を聞いてよいのかさえわからなかった。でも最初のうちは、毎日のように子どもが下校した後、学年主任の先生の教室で、明日の時間割・学習内容・行事の確認などの打ち合わせがあったので、戸惑うことはなかった。毎日子どもに持ち帰らせる学年だよりは主任の先生が書かれて、もうひとりの先生が印刷をされた。

四月の下旬になると学年打ち合わせは週一回になった。打ち合わせの教室が持ち回りとなり、私はそれぞれの教室経営の様子を目に焼き付けた。時々、夕方遅くに暗くなった隣の教室に入って眺めた。今日の図工の絵がいつの間にか貼ってあった。私はまだやっていない作文に赤ペンの言葉や三重丸が書かれたのが整然と掲示されている。一年生の保護者は些細なことも心配なので、学習の進度や内容など歩調を合わせましょう、と細かく打ち合わせがあったはずなのに、どうみても私のクラスは遅れているとショックを受けた。掲示された子どもの作品の内容も比べものにならないしっかりしたものであった。

六月になると打ち合わせは、学習内容や進度の確認だけで、指導方法は各自のやり方でやろうといわれた。毎日「学習指導計画」をノートに書いた。一時間ごとに教える内容や方法、授業の展開を丁寧に書きもした。

無我夢中の一学期が終わり、夏休みには二学期に使う下の教科書に全て目を通して備えた。そして、夏休み中にあった新任教師の研修会でいわれたように、子どものことをきちんとみていこうと思った。もうあたふたすまいと心に誓った。そして、その日のことを振り返って「学級日誌」を書いていくことにした。以下抜粋。

九・一（金）はれ「始業式」

朝教室に入ると窓の工事のため、机椅子など全て白いほこりをかぶっており、横に片付けられたままだったのを登校してきた子らに声を掛けて雑巾がけや机並べをやらせた。机を並べなさいと指示したらどんどん並べていき、机もせっせとふいていく。皆がいっせいに仕事をするので内心驚いた。ずい分しっかりしたなあと思う。

九・一一（月）

三分の一の者は生活ノートを私の机の上に出しておらず、注意してから慌てて出したが、彼らはみな日記を書いていない者であった。しかし、土曜日に約束した通り、家庭学習と日記を書いていた者は一〇数名にすぎなかった。班の「がんばりましょう」の表を見せて、明日は全員が書いて、シールをもらえるようにしましょうと、呼びかけた。この表を見せるとワッと喜んだ。

今日は教室内で私語が多いし、ざわざわしていて落ち着きがなく、気分が苛立つ感じであった。授業のやり方のまずさもあるし、社会科の学習ノートをやる速度がまちまちだし、また、国語の漢字ノートを持ってくるように言っておいたのに、四分の一は持ってこず。生活ノートを見ていない証拠である。

九・一六（土）

学習規律を変えてみた。理科のあさがおの名前を確認するとき、はりきって手を挙げた。話し合いの場をもっときちんと時間をとって訓練していかねばならないと思う。せっかく意気が上がっているときなので――。

生活ノートに記入する者は三分の一位か。なかなか書きにくいのか、徹底しない。Mは相変わらずKに喋りかけて、こちらの指示が入らない。きつく注意せねば――。

国語―「小さい白いにわとり」の場面視写は正確に書けていたのは、U、K、M、Nであった。ノートの升目と教科書とが合わないので難しいのであろうか。学級図書を借りるといって、四、五人が本を持って帰った。表を作っておいたのでそれに記入して帰ったが、これを動機付けにして図書係をつくらせるようにもっていきたい。

九・二五（月）

授業始めに私語が多く、ざわざわしている。日直が号令を掛けても、気づかない。きちんとしない者の名前を呼ぶのを止めにしてから、ぴりっとしなくなったようだ。日直の方も皆を見回すこともなく「れい」の号令を掛けてしまう。

九・二六（火）

音楽のとき初めて、瞬時ながら、全員の息がピタッと合って、出来た、と感じた。「おうま」を一番、階名唱、二番、リズム唱、三番、リズム打ち、というふうに表現したのである。みんなの笑顔に、できたという喜びの色がみえていた。木琴がないので、両手の一点打ちを行った。ハーモニカは半数の者がやや吹ける程度。レコード鑑賞でアメリカじゅんら兵を聞いたら、ある子が「もう一度、もう一度」と言って来て聞きたがる。Why?　前の鑑賞のときもそうであったが――。

一〇・四（水）

算数のとき、比べ方で各自さしをもって机の長さを測ったのであるが、いったん作業に入れば、話を途中で挟もうとする私の方が間違っているのである。大きな声で「だまれ」と言っても通じない。またついに、大きな音を出してやったのであるが、「ワーびっくりした」と笑い合うだけで、叱られているとは感じていない。私の叱り方がよくないのはどこだろう。ピシャリといいつけるが、先輩のようには子どもがきかない。

一〇・六（金）

給食のとき、喋るのを控えるように注意したら大分残さずに食べれるようになった。今度はただ叱るのではなく、紙芝居をしてやるとか、五分間お話をしてやるという方向にもっていってやろう。その方が、本当に楽しんで早く食べるだろうから――。叱るばかりが躾ではない。

体育――ピリッと、はつらつとやらせるために、間延びしないように合図をすること。

――一〇月八日に運動会が終わると、それまで体育の授業にとられて遅れていた教科の授業を取り戻さなくてはならず、焦った。子どもたちは相変わらずざわざわし、トゲトゲした雰囲気がいつも教室内にあった。

すんなりいかない

学級での指導がうまくいかず苦悩する。それでも明日また教室にいかなければいけない。子どもたちが待っている。明日はこうしてみよう、〇〇に対してはこうやってみようと考えてノートに指導計画を書く。

参観日には指導案を丁寧に書いて、保護者に話をする内容もいろいろと考えて書く。ところが当日、子どもたちのお行儀のよいこと！　驚きあきれながらも、お母さん方に、自分の子どもへの指導のまずさや、騒ぐ子どもたちで授業が立ち往生するなどの失態をみられなくてよかった、と安堵する。参観日の翌日はいっきに元通りのワヤワヤした教室に戻る。親の前では上手に猫を被る子どもたちにいよいよ腹が立ち、憎らしくなる。

　そんな授業中、「せんせい、あたまがいたい……」と赤い顔をしたKくんがそばに来る。額に手を当ててると熱い。大急ぎで子どもたちに教科書を読んでいるようにと指示して保健室に連れて行く。しばらく保健室で様子をみましょうとの養護の先生にお願いしますと言って教室に戻ると廊下にまで騒ぐ声が聞こえてくる。ガラッと戸を開けて、

「何してるんですかっ！　本読みしなさいと言ったでしょう！」

大きな声で叫ぶ。

　シュンと静かになったがもう続きの学習はできない。黒板に「ノートにドリル三をやりなさい」とチョークの音をパシパシと立てて大きく書いて、自分の机に着いてみんなの方を睨みつける。みんなはごそごそと教科書を片付けて、ドリルを出してノートに書き始める。ぼおっとしている子に隣の子が黒板を指して小声で教えている。間もなくチャイムが鳴る。子どもが顔を上げてきょろきょろと辺りを見回す。こっちを伺うように見る。罰として休憩時間なしっ！　と言ってやりたいが、主任の先生から、「休憩時間は子どもに保障してやらなければいけません」と教えられている。

「日直さん、号令を掛けなさい」

押し殺した声で指示する。日直さんがふたり前に出てくる。

「これで二時間目の国語を終わります」

みんなで「はーい」と言うや否やバタバタと机の上を片付けて、わーと声を上げて教室を飛び出していく。いまいましいような気分で溜め息をつく。ああ、これでまた国語が遅れてしまった。

「せんせー、あそぼうよ」

女の子二、三人がくる。

「ごめんね、今から日記を見るからね」

「わかった。じゃあ、お外へ行こう」

と離れていった。

あっ、保健室に行かなきゃ、と慌てて行くと、熱が三八度あるのでお家に連絡した方がよいでしょうとのこと。事務室に行って家に電話し、急いで教室に戻り、Kくんの勉強道具をランドセルにしまって保健室に預ける。保健室にお迎えをと母親に伝えている。もし症状が軽い場合のお迎えは、教室で勉強しながら待つということもある。

そうこうしていると休憩時間の終わりを告げるチャイムが鳴り響く。ええっと、三時間目は算数だったな。あっしまった！　教師用の教具を取りに行かなくては。廊下いっぱいにいろんな学年の子どもたちがわいわいと教室に戻っていく群れの中をかきわけるようにして職員室へ行って教材室の鍵を取り、西校舎へと走っていく。再び職員室に鍵を返して教室に急ぐ。相変わらずガヤガヤ騒いでいる子どもたちに怒る気力も失せる。三時間目は既に一〇分過ぎている。バタバタと音をたてて教卓に大きな算盤や、絵の札を並べていると子どもたちの好奇の目が向かってくる。

ザワザワが収まってきた。息を整えて黒板の前に立つと日直さんが慌てて前に出てくる。

「みなさん、用意はできましたか。Oくん前を向いてください。Oくん……」

「もういいから始めて」

小声で日直さんに言う。日直さんはふたりで声を張り上げる。

「これから三時間目のお勉強を始めます」

「はあーい」

この一斉の返事で教室内の空気が一瞬だけ張り詰める。もう一五分も超過している。大きな教具に注意が引かれたせいか、算数はうまく進められた。子どもたちものって学習できた。しかし、予定していた練習問題をやることができなかった。

ひとりひとりの子どもに心をとめて、と新任研修のとき指導主事の先生から教えられた。でもこんなクラスの子どもひとりひとりをみるなんて、とても対応しきれるもんではない。

子どもたちに振り回されて毎日くたびれ果てていた。放課後遅くまで教室で仕事をしていると、

「もう閉めますよぉ」

特別教室などの鍵がたくさんぶら下がっている鍵板の音をじゃらじゃらといわせながらH教頭先生がやってこられた。

「すみません。まだ絵を見なくてはいけないんです」

「そんなことより、早く帰ってしっかり寝て、明日元気いっぱいの顔で来りゃあええじゃない」

「やってもやっても仕事が片付かないんです」

「ノートなんかみんなでもええから、子どもの顔をみなきゃ」

いつも見ているがなあ、と心の中で思う。

「クラスの中で自分の好きな子をつくりなさい。そしたら、ああ今日もあの子に会える、とうきうきした気もちで教室に向かえるでしょ。ぼくは毎日うれしかったよ。ああ、Aさん、今日もやさしい顔をしているなあ、おや、Bさん、ちょっと元気がないかな。なにかあったかな、といつも楽しかったよ」

誰さん、誰さんと指を折りながらにこにこと言われる教頭先生はこの三月までここの学校の六年生の担任をしておられた。恋人に会うような気分で教室に入れといわれても、そりゃあ六年生だとそう思えるかもしれない。こっちは一年生、恋人どころじゃない、小猿の群れだ。言われることは頭では理解できるし、そうあったらいいなあと思う。でも理念と現実は違うものだ。子どものノートが入った重い袋を提げてバス停へ向かう。くたびれ果てた心に教頭先生の言葉がちらっと浮かんでくる。家に帰り着くとぐったりしてなにもかも消えてしまった。

新米時代は毎日教壇に立って子どもの方を向いてはいるが、全く子どもがみえていないのがわかる。H教頭先生の言葉には、Aさん、Bさんと指折りしてまで名前が挙げられている。それに引きかえ学級日誌には子どもの固有名詞はあまり出てこない。ここにあげた以外の日々の記述にも個々の子どもの内面を読み取ることはまったくしていない。

しかし、新米ゆえの未熟さは、無我夢中の混迷のなかをひたすら悩んで歩むことにこそ意味があるのかもしれない。何によらず困難な仕事を始めるときは、強い熱気の存在が経験の不足を補ってくれるものだ。そしてその熱気の中で、混沌の中にだんだんと「かたち」が生まれてくるのである。

野球評論家の豊田泰光さんのコラムのなかに、「すんなりいかない人生にこそ、語り継いでいく値打ちがあるのではないだろうか」という言葉があった（日本経済新聞　09.1.15)[1]。野球のことはわからないが、それは教師についても通じることだ。四苦八苦しつつ子どもにかかわっていく、そういう行為を積み重ねるしかない。悩むことなくすっとうまくやりすごせていたら、どんな教師になっていただろうか。

ベテランになっても――

担任は子どもと心を通わせることができなければ、指導の効果もあげることはできない。どうしたら出会った子どもたちとの通い合いはスムーズにいくのだろうか。

Sくんは学力の高い子であった。なにが気に障るのか機嫌のいいときとそうでないときがあった。あるとき、ノートに書いた文字が乱雑だったのを注意すると、その上に鉛筆でぐしゃぐしゃと書きなぐった。ついこっちも意地になって消しゴムでそれを消して、書き直しを命じた。すると彼はノートのページをバリッと破り丸めて床に投げ捨てた。私は内心ムカムカしたが平静を装って他の子の方を見て回った。

授業の終わりのチャイムが鳴って、彼は小さな声で「センセ」とノートを差し出した。あ、書けたんだねと穏やかに、皺のあるよじれたノートを受け取った。

学級には、もっと難しい体格のいいボスのOがいた。彼はノートをとるどころか、授業中友だちの発言に対して「つまらんのー」「やめえや」などと叫んで授業を妨害することがたびたびあった。ときにSもそれに乗じるように「しょーもなーい」と言ったりした。授業が混乱に至らなかったのは、Oが他の子を自分の方に引き込まなかったからでもある。

そのSに骨折をさせてしまった。運動能力も優れていた子だったが、体育で跳び箱をしていたとき、体のバランスを崩して五段の跳び箱の横に落ちてしまった。左腕の肘近くが異様に曲がっていた。外科医院に付き添っていき、手術が終わって病室に寝ているところに母親が飛び込んできて、「Fちゃん！」と彼の名を叫んだ。「ママ……」彼は顔をくしゃっとさせて泣き出した。彼女は覆いかぶさるように彼の頭を抱いた。

そのとき私は、それまで学校でも手術のときも彼が全く涙など出していなかったことに気がついた。彼女が布団の上にある包帯の腕をやさしくなでるのを見ながら、跳び箱から落ちたときの状況を説明した。自分は母親には絶対にかなわないと強く感じた。

一学期の家庭訪問のとき、母親からSを連れて再婚したばかりだと聞かされた。彼女は仕事を続けているとのこと。新しい父親は彼を可愛がり彼もパパといって馴染んでいるとのことだった。彼にどのような心情が流れていたのかはわからなかった。わかろうともしていなかった。

彼がいっぱい反発していたのは、終始先生という仮面をつけて接している私に対してだったのだろう。Sくんと心を通わそうとしないままにいい先生を演じていた私を彼も嫌っていただろう。それでせいいっぱい反発していたのだ。

教師であるからには、どの子もかわいく思い、どの子にも愛情を込めて接していかなければならないし、そのようにできる。義務感もある。

彼のことを疎ましく思っていた。それを知られまいとよけい意地になって、教師という仮面の権威で彼に接した。仮面をとると力量のない自分が表出してしまうのを怖れていた。しかし、どうやってもそういう気もちは彼に見抜かれていた。けれども担任としては、彼のことをなんにも見抜いてやっていなかったのだ。

母親から家族環境の変化を聞かされていたのに、自分自身にとって実感のないままに聞き流していた。配慮して欲しい、何かあるかもしれないから、ということだったにもかかわらず、彼の心の内をみてやらなかった。

数日後、仕事帰りのバスの車窓から、ビルの上階の「S内科クリニック」という看板が目に入った。あ、あそこがSくんのお父さんの病院だと気づいて、ふり返ってずっと見た。

注

（1）河合隼雄『新しい教育と文化の探求』創元社　1997　pp.189–190

2　教師の多様な視点

「子どもをみる」という技術は経験的に鍛えられていくものである。具体的な習得方法は多々あるだろうが、こうすればいいという唯一のマニュアルはない。結局試行錯誤しつつ自分流を身につけていくしかない。日常の様々な出来事や人とのかかわりのなかで子どもをみることの広さ深さが自分の中に育っていくものだろう。

ここでは「子どもをみる」ということについて、いくつかの目線の例をとりあげてみたい。

遠足のおやつ

職員会議で秋の遠足について担当者から提案があった。各学年の発達段階に応じた目的地、持参物、留意事項などの説明のあと質疑に入った。N先生の手が挙がる。

「おやつについてですが、なしにしたほうがいいと思います」

理由は次のようなことだった。今頃の子どもはふだんいろいろなおやつを口にしている。さして珍しいものでもない。遠足でおやつを食べてせっかくのお弁当を食べ残してしまう子が何人もいる。おやつがなければお弁当をしっかり味わい食べさせることができる。その頃はおやつ過多にならないようにと、おやつ代は二百円以内と決められていた。遠足におやつはつきものと、当然視してきていたので驚いた。活発に意見が交わされた。

反対意見としては、「おやつは子どもにとって大きな楽しみ。それをとりあげるのはかわいそう」「目的地に着いたときに、あめ玉一個でも口に入れて疲れをとる必要がある」といったもの。賛成意見は「子どもに偏食が多く給食も食べ残す。おやつなしは食べることへのいい経験になる」「いっそのこと、お弁当もおむすびだけにして、梅干、潮昆布くらいにしたらいい。そうすれば食べ物のおいしさも身にしみてわかるだろう」とN先生は過激に重ねる。確かに意義があると私も賛成だ。

D先生が発言する。「私はやっぱりおやつを持たせたいと思います。たかがおやつといっても、子どもには大人が考える以上の喜びがあります。私の子どもも遠足のおやつをあれこれ悩んで用意しています。兄弟で買ってきたものを並べて消費税込みで二百円以内というのを目いっぱい計算しながら、これを入れる、これは止めるなど涙ぐましい工夫をしています。そういうことも子どもにとっては意味のあることだと思うのです」

丁度消費税三パーセントが導入されて、子どもはスーパーでなく遠くの駄菓子屋さんに行って消費税をおまけしてもらったという話もあった。

D先生の言葉に、親の目線で教育をみつめるということが自分になかったことを気づかされた。

結局今まで通りおやつ持参ということに落ち着いた。

お弁当忘れ

運動会が雨で順延になることがある。それを見越して、予定通りに実施されても給食を三日間休みとする。子どもに弁当持参をと各家庭にプリントで事前にお願いしている。しかし、この弁当を忘れてくる子が必ずいる。忘れてくる子というよりも保護者がうっかり忘れてしまうのである。運動会の日も給食を実施する学校もあると聞いたことがある。それなら保護者にとってはいつも通りで何ら心配はないだろう。でも運動会というハレの日を子どもに感じさせることも大事だと思う。運動会はまさに全校挙げての行事である。

五年生担任のときのこと。運動会が終わって代休の次の日、お弁当の時間になってSくんが持ってきていないという。学校の近くにスーパーなどはない。先生のを分けてあげるよと言ったがう〜んと言う。

「みんなにカンパしてもらってもいい？」

首をちょっとかしげる。そこで叫んだ。

「みなさ〜ん、Sくんにほんの少しでも分けてあげるよという人はカンパしてくださあーい」

タッパーの容器には、卵焼き一切れ、アスパラのベーコン巻きひとつ、おむすび……などと次々寄せられる。

「もういいよ、いいよ、十分です、ありがとう」

Sくんの机にそれを持っていくと、隣のTくんが叫ぶ。

「すっげえー、おれのよりずっと豪華だ」

どれどれと覗き込んでうわっと声を上げていくのもいる。

日直の合図で「いただきまーす」と楽しみな時間が始まった。

私も班の中に入って弁当を食べようと移動していると、

「おまえ、感激しとるんか？」

Wくんの声。みるとSくんは山盛りの弁当を前にやや俯いている。日頃ひょうきんなことを言ったりするSくんは、

「ちがうわい」

と手で目をこすった。そっと見ていると食べ始めたのでほっとした。みんなの善意が集まってちょっとほのぼのした雰囲気の漂う昼食であった。

夕方お母さんから電話があった。

「運動会が無事終わったのでうっかりお弁当のことを忘れてしまった。パートの仕事に気を

とられていたせいか。息子にはかわいそうなことをした。クラスのみなさんにお礼を言っといてください」

聞いてみるとSくんは別にお母さんを責めなかったそうだ。きっとお母さんは平謝りだったのだろう。あのときの彼の涙は感激などではなかったはずだ。お母さんの手作りではない、みんなに分けてもらった雑多なおかずの弁当。彼の内心は惨めだったのではないか。五年生にもなれば親の大変さもわかる。わかりつつも弁当が忘れられたことは悲しかったであろう。担任としてみんなに呼びかけたことは、彼をさらに傷つけてしまったのだ。善意ゆえに気づかない行為の罪について思う。

担任には言わない

「校長センセ、たいへんです」

「たいへん、たいへん」

一年生のKさん、Aさん、Mさんが校長室の入り口に肩をこすりながらもつれるように入ってきた。

「まあ、たいへんなの?」

「うん、すっごく、やな本があったよ」

「どこで見たの？」

「児童館の裏」

顔を見合わせて、ねっと頷き合って、なんとなくにやにやしている。

「きてください」

と言うが、休憩時間終わりのチャイムはすでに鳴ってしまっている。

「後で見に行こうね」

「うん」

三人は走って教室に向かった。そして、給食が終わって間もなく三人が再びやって来た。

「きてください、きてください」

両手を引っ張られながら廊下を急ぎ足に行く。運動場を走りながら口々に言う。

「やな本なの」

「男の人が見ると思うよ」

「お父さんとかね」

「ねえ、エッチなの」

「おやおや、そんなにやな本だったの？」

「だから砂でかくしといたの。いやな気分だから」

「今は見えないよね」

「見えないよね」

児童館は校庭の隅にある。高いフェンスのある裏手に引っ張られていくと、成る程、週刊誌のようなものの上にぱらぱらと砂が撒かれているが、若い女性の黒い眼がこちらを見つめている表紙はしっかりと見えている。

「あら、あら、たいへんだ」

「ね、ね」

それを拾い上げて砂をふるいながら言った。

「ちゃんと始末するからね。よく教えてくれたね。えらかったね」

三人は満足そうな、誇らしいような顔をして、スキップをしながら向こうへ行った。

後で担任のT先生に話すと、全然聞いていないとのこと。一年生の子どもなりに、この大事件は学級のことではなく、学校のことだと理解したのだ。だから担任の先生ではなく校長先生をめがけてきたのであろう。しかも、「やな本」「エッチなの」「男の人が見ると思う」などと、なんとそういうことをわかっているんだねえ、と二人で話した。

子どもはなんにもわからない子どもではない。どこかで何かを感じ取ってわかっていくのだ。どうせ子どもだから、ではなく、子どもだからこそ、たいへんを直截に感じるのであろう。子どもだからこその次々の発見、驚きがひとつひとつの出来事の上に積み重なって、大事でないことはやがて忘れていく。そのなかで小さな何かが心に引っかかって残っていき、知らず知らずのうちに物事の本質をみる目が養われる。それがその子なりの止揚となり、次のステージへと続いていく。[1]

もし、この週刊誌を目撃したのが高学年だったら「たいへん、たいへん」と校長室に駆け込んでくることはなかったであろう。

子どもは六歳ごろまでに大人と同じ人格の基礎がつくられる。生得的な性格のもとになる感情（喜び、悲しみ、恐れ、愛情など）の感覚は二歳で全て整う。その後環境とのかかわりのなかで大体どの子どもも同様の順序性、道筋で発達し、社会化をしていく。[2]

そして小学校という教育機関に入ってからは、その子らしさの独自性が身体的、知的につくられていく。それは教育によるともいえるが、学校の一律の働きかけがそのまま作用するのではない。子どもは決して一律には染まってはいかない。学校の人間関係や社会的環境がその子の性格形成に影響を及ぼして、子どもの個性が磨かれていく。その子なりのわかり方、作業の仕方でやっていく。難なく取り組める子もいれば戸惑う子もいる。しかし、時間や教えることの内容など決められた枠組みのなかでどこまでひとりひとりに添ってやれるであろうか。

子どもをみるということは、そういうひとりひとりをみとることにほかならないのだが。

注

（1）栗田賢三・古在由重編『岩波哲学小辞典』岩波書店　1986　ヘーゲルの弁証法の用語。弁証法的発展においては低い段階の否定によって高い段階へ進むが、高い段階のうちに低い段階の実質が保存される。

（2）情意と認知の発達や行動の統一性などについての基礎的理解の参考として。

ジャン・ピアジェ／ベルベル・イネルデ　波多野完治・須賀哲夫・周郷　博訳『新しい児童心理学』文庫クセジュ　白水社　2000

波多野完治『子どもの認識と感情』岩波新書　1984

滝沢武久・山内光哉・落合正行・芳賀　純『ピアジェ　知能の心理学』有斐閣新書　1989

岡本夏木『幼児期——子どもは世界をどうつかむか——』岩波新書　2009

3　子どもがみる子ども

隣の席の子

　これは私自身の小学四年生のときの話。隣の席のFくんにいっぱいいやがらせをされた。その頃の机と椅子とはセットになっているもので、二人掛けであった。だから片方が机を揺らすともう一方も揺れてしまって困った。ノートに書いているときなど、どうしても消しゴムを使うことが多くあって、そのたびに、

「揺らすなっ！」

と小声で言われた。机を動かさないようにと精一杯気を遣って消しゴムを使うのだが、ひょいと力が入ってしまって小さく動いた。すかさず、

「動かすなっ！」

と今度は拳骨で腕を叩かれた。

　机の真ん中には細く削られた溝が入っていた。子どもたちが勝手に入れたものだろう。その溝はお互いの領分を示すものであった。そこから私の肘がはみ出たということでも叩かれ

た。ノートや教科書が真ん中の線の溝からはみ出したといって、突き返されて、ノートが床に落ちた。反対に彼は溝の線から肘を私の方にぐいっと突き出していたり、椅子の上にあぐらをかいた膝を私の方に寄せて知らん顔をしていたりした。

Ｆくんは私のように小柄で、鼻の穴がちょっと上を向いていて、出っ歯だったせいかよく口を開けていた。いつか、何かのことでクラス中が大笑いしたとき、彼も口から不ぞろいの大きな前歯をはみ出させて笑って、よだれを手でぬぐっていた。

なんでこんなに意地悪をされるのかわからなかった。いやがらせをされて泣きたいような気分になったこともあったが、泣かなかったし、先生に訴えることもしなかった。そんなことを先生に言うものではないような気がしていた。もちろん家に帰っても言わなかった。いやがらせをされて黙っている私が怒られることはわかっていた。

どうやったらＦくんに意地悪をされないだろうかと考えた。そして、ああ、Ｆくんのことを好きになろうと思った。そう考えたら、腕を叩かれても、きつい言葉を投げつけられても、ちょっとだけ気もちが和らいだ。

そうしたある日の体育のとき、Ｆくんが鉄棒から落ちて、痛い痛いとよだれを出して泣いた。先生に抱き上げられた彼の右腕が、ヘンなくの字に曲がっていた。数日後、先生が、骨折して入院している彼を誰か見舞いにいってくれないかと言われた。私は直ぐに手を挙げた。みんなからの手紙と小さな花束を抱えて病院へ行った。病室に入ると彼はぶっきらぼうに、

「そこへ置け」

と顎をしゃくってベッドの端の方を示した。お母さんは、

「ちゃんと受け取んなさい」

と言われた。

「あと一週間したら学校にいきますから」とのお母さんの言葉を、翌日教室でみんなに報告した。私がFくんのことを好きなんだと噂されるといいなと心のなかで小さく思っていたが、Kくんだけが、

「Fのことスキなんじゃ」

と言ってきただけだった。

しばらくして包帯をした腕を三角巾でつったFくんが登校してきた。彼に休み中の勉強のことを教えてあげた。彼は黙って聞いていた。包帯がとれると、右腕の肘のあたりから長い傷の線が白く浮き立って見えていた。そのうち席替えがあり、いつのまにか彼のことを気にしなくなった。

席替え

子どもたちにとっては、自分の隣の席が誰かということは大きな関心ごとである。低学年

の席替えでは担任の定めるままで、関心はもたないが、中学年になると、自分たちで決めたいと言い出す。どうやって決めるのかと問うと、「とり子」「じゃんけん」あるいは「くじ引き」でと言う。席替えの目的はクラスのみんなと仲よくなるためと、誰もがよくわかっている。しかし本心はなかよしの子と隣どうしになりたい、同じ班になりたいのである。だから思いのほかの班に決まったときには、もう班でなかよしになったから席替えをと早々と言い出す。

「好きなものどうしで」と言う子どもたちに仲間はずれになる者がでるとどうするのかと問うと、「班長が話し合って絶対そうならないようにする」と言う。他のやり方で「とり子」というのがある。まず班の数だけ班長を決めて、班長が自分の班に入れる友だちをひとりずつ呼んでいく。班長は自分の気に入った友だちから名前を挙げていく。クラスであまり人気のない子は最後の方まで呼ばれない。そういう厳しい現実は味わった子にしかわからないものだ。

手打ち野球やケードロなどの遊びの仲間づくりなら、とり子をやってもいい。しかし、学級の班で友だちが友だちを選ぶなんておかしい。そういうことを話すと子どもたちは黙る。そのことは高学年になるとたいてい理解できるようになる。

グループづくりで惨めな思いを味わったことを覚えている。

六年生の修学旅行の前にグループづくりがあった。始めに班長が選ばれた。その後教室のあちこちでワーワーと騒々しく日頃のなかよしが集まってかたまりになっていく。私はおとなしい子だったので誰かから呼ばれるのを今か今かと待っていた。他にも声がまだかからない者が何人かいたと思う。どうなるのだろうと心細く、下を向いた。そのとき「いしかわさん、まだ？」とKさんの声に顔を上げると同時にHさんが「おいで！」と手招きしてくれた。私はいそいそとそのグループのかたまりに入っていった。ホッとすると同時に涙が出そうだった。

Hさんは背が高く勉強もできて、男子もよくやりこめていたお姉さんタイプ。彼女となかよしのKさんは小柄で勉強がよくできるハキハキしたお嬢さんタイプ。そのグループに他に誰がいたのか思い出せない。あのグループづくりの騒然としたなかのKさんとHさんのことだけが記憶に残っている。ワーワーというなかにも、なんとなく各グループがつくられていったのだろう。なんら問題状況は発生していなかったし、子どもたちの主体的な活動でうまくグループづくりがなされていったといえる。その後の修学旅行も楽しい思い出として残っている。

教師になってから、「子どもたちによる自主的な班づくり」という言葉を聞くと、あの修学旅行のグループづくりのことが蘇ってくる。

席替えや班編成は担任の責任で行う大事な学級経営のひとつである。担任は子どもたちを誰とでも協力し合うように育てねばならない。子どもの意見を尊重しつつ班の仲間がうまくいくようにと考慮する。しかし、子どもの要望どおりの班編成はなかなか容易にはいかない。

子どもからの文句が出ないように、出席順にしたり、じゃんけんやクジ引きなどで、公平にしているというのを聞いたことがある。単なるグループをつくるならばそれらの方法もよかろう。けれども学級は人間関係を育てていくところである。学習のときの討議や作業、掃除や給食などの当番活動、係活動など、それぞれの目的や内容によって小グループ編成をしていかなければならない。活動によっては、固定した班にしなくても、出席順のグループをつくることでよい場合もある。

班替えに際して、子どもたちに同じ班になりたい人の名前を書かせたりするが、子どもの学習能力や性格などを考慮するとなかなか希望に添えない。どの子の願いもかなえることは難しい。そこで月に一、二度、「自由席の日」というのを設けて、教室内のどこにどう机椅子を移動させてもよいとする。孤独を愛するというひとり席も自由。子どもたちはこの日をとても喜ぶ。考えればいろいろと工夫できるものだ。生活ノートの日記から――。

「今日席がえをした。願いどおりではなかったけど、いい班だなーと思った。これからもこの班を明るくしていきたいと思います」（U）

前向きに受けとめてくれるのを申し訳なく思う。次の時は願いをきくからねと返事を書いた。

「先生、お願い。転入生のKさんと一緒の班にしてください。お願いします。私が転校してきた時にしてもらったように、Kさんにしてあげたいのです」(S)

転入生には人気が集まり、一緒にという希望も多いものだが、こういうことも思っているんだと気づかされた。

席替えはなかなか困難な作業で、担任と子どもの信頼関係も試される。子どもたちにとっては、それは他者と出会い、新たな仮面を獲得していくための社会的体験なのだ。

友だち

昨日Fさんとけんかをしてしまった。向こうのことも何も考えずうわさだけをあてにして、Hさんの質問に答えたのが悪かった。結局、本当の所は私が一番悪いのだ。今日になってこんなことに気づくなんて、やだなー。それで、私は、ちょっとはずかしかったけど思い切って電話をしてみることにした。何回か、かけたり、と中で切ったり、いろんなことをしてみたけど、やっぱり悪いのは私だし、明日学校へ行ってしょんぼりしているのもつらいし。たとえ一人の人でも同じクラスなのに口がききにくいといやだからと思って電話をしてみた。するとFさんは何もおこってないで、Fさんがあやまった。私はとてもびっくりした。でも、けんかは両方悪いんだからと思ってもみた。でも電話を切る前に二人で「もういやなことは忘れようね！」と言って電話を切ったが、電話を切ってから、なみだがポロッとひざに落ちてしまった。泣くつもりなんかなかったのに……でも、うれし泣きだったのかなー。仲なおりしてもとの友達になれるってこんなにうれしいこととは思わなかった。私も、もっともっと相手の気持ちも考えなきゃいけないと思った。私がきのう考えた人のことというのは、本当は、相手のことを考えたことじゃないというのがとてもよく分かったように思えた。でもFさんと仲なおりできて本当によかった。Fさんも同じ気持ちかなぁ。（I）

今日家で宿題をした。すると……「Aちゃん、Iさんから電話よお～」と母の声。昨日、私が塾に行ってるときもかかったらしいんです。出てみると……「あ、もしもし、私。昨日ごめんね。私知らなくて」と言われた。私は「ああ、いいのよ、気にしてないから……」と言い返してお互いにもう忘れよう……ということになった。私も勝手にライバルとか決められるのって好きじゃないけど、もっと好きじゃないのは、しつこいのです。だから、さっぱり忘れた。でもやっぱりIさん、先生の言ってたとおり、強い人だなぁと思った。けど、自分のいけない所はよく直しておかないと、やっぱり人にきらわれると思います。月曜からはまたさっぱりとしよう。（F）

『日記から』――F小六年（1983　No.15）

これは、体育の時間のときのこと。男女で言い合いになり、泣き出すものがいっぱい増えた。一体何があったのか、それぞれの人の言い分を聞きながら考えたことがあった。話し合った内容は載せていないが、その時のふたりの日記をそのまま『日記から』に載せた。「乱れた字はいやだったかもしれないけれど、このままの方が思いが表れていると思いましたので――」と。

学級の中でいろんなトラブルが発生して、だからみんなで共有する世界が豊かになっていくのを感じる。

4　子どもがみる教師

教師が子どもの前に立って子どもをみているとき、教師は子どもからみられている。授業をするという教師の立場のみで子どもをみるのは一方通行である。上手な授業をしたい自分のために子どもをみているに過ぎない。みられるということを意識しなかったら独善に陥る。子どもからのわからないという言葉を、子どものせいにしてしまいかねない。子どもの側からいうと、子どもは教師の何をみているのであろうか。どんなことを感じているのであろうか。子どもからの応答があって教授活動は活気のあるもの、意味のあるものになる。そういう相互作用のなかで教師と子どもとの人間関係が形成されていく。

先生、おしゃれして

教師になった年の一年生の担任のときのこと。

休憩時間には子どもたちと遊んでやりたいし、一年生は動き回るし、とブラウスやトレーナーのようなものにズボンをはいていた。あるとき二、三人の子どもが言った。

「スカートもってないの？」

「もってるよ」

「先生、スカートはいて」

「おしゃれしてよ。一組や三組の先生みたいに」

「おしゃれって？」

「ちゃんとお化粧して」

私は驚いた。一、三組の中年の先生は特に華やかな服装というわけでもなく、いかにも先生だなという感じのきちっとしたスーツやワンピースという装いだった。そして薄化粧をしておられた。子どもたちのために活動的にと考えていたのだが、子どもたちの思いは違うところにあった。新米の先生であっても、子どもたちにとってはやっぱり自分たちの先生が一番ステキな先生であってほしいのだ。

それからは、通勤に着てきた服で子どもたちの前に立つことにした。着替えるのは大休憩か昼休憩。子どもたちには体育後も着替えるように指導しているのだ、と改めて気づかされた。必ずというわけにはいかなかったがいつも意識した。お気に入りの服が汚れてもクリーニングに出せばいいこと。子どもたちも私のお気に入りには触りたいのだ。さばりつかせてやろう。

以前に見たテレビで宇野千代さんが、講演のときに司会者から「ご趣味は？」と問われて

「おしゃれ」と答えてにっこりされたのが印象的であった。そのときの宇野千代さんは確か九〇歳を過ぎておられたと思うが、なるほどと頷けるような華やかさがあってすてきだった。私もおしゃれは好き。気に入った服を身につけると気もちも明るくなる。朝お天気の急変で、決めていた服を変えねばならなくなり、急いで間に合わせたりすると気分がよくない。どんな服を着ようともチビまるの身は映えることはない。自己満足するだけである。しかしクラスの子どもたちに見られていることを意識することは大事なことだ。

きらいになったん？

教師になって一〇年、二度目の一年生の担任をした。その次の年、五年生の担任になった。その学校では一・二年、三・四年と二学年ずつ持ち上がるのが原則であったが、一年生七学級のうち私だけが異動した。

年度末には次年度の担任学年の希望調査があり、持ち上がり学年のときは次学年を書き、そうでない場合は一任としていた。しかし、新任以来一学年ごとの担任となり、二年間通して担任できたのは五・六年の場合しかなかった。それで、学級担任はいつでも一年限りのつもりで、という姿勢が身についていた。校長先生から、持ち上がりの二年生ではなく五年生を、と言われても特にこだわりはなかった。

四月、新学期早々の休憩時間のこと。二年生になった子どもたち一〇数人が教室にどどっと入ってきた。私の机の周りをぐるっと取り囲み、にこにこ笑って勝手に何か喋っている。五年生の子どもたちは闖入者たちに驚きながらも笑って教室の後ろの方に立って見ていた。

「なにしとるん？」

と誰かが言うと別の子たちも、

「なにしとるん？」

と口々に言う。

「日記にお返事を書いているのよ」

「ふーん」

「あなたたちにもお返事書いたよね」

「あ、漢字がいっぱい」

「この人、字がきたないね」

などと言い合っているとチャイムが鳴った。

「また来ていい？」

「ばいばい」

ともぐれつくようにして教室を出て行った。二年生の担任からチャイムが鳴ったら直ぐに席に着くこと、と教えられたのであろうと思いながら見送った。

二日目も三日目も休憩時間になると子どもたちはやって来た。南校舎の二階の教室を出て、体育館前の長い渡り廊下を通って、北校舎四階の端っこの教室を目指してやってくる。「走っちゃだめ！」「先生がいけませんって、いったでしょ！」などとお互いに牽制しながら、それでもやっぱり走ってくる子どもたちの姿を想像した。休憩時間は必ず教室にいるようにした。そのうちやって来る子どもたちは少なくなった。

一週間あまりたった頃ＳとＫふたりだけになった。ふたりとも私に何も話しかけずに、テストに赤丸を付けるのを黙って見る。もともと饒舌な子たちではなかった。そして、教室の係活動の表や絵などの掲示物を見て回り、チャイムが鳴ると黙って出て行った。

このふたりの男の子は幼児性丸出しの勝手な振る舞いをよくしていた。

「幼稚園はよかった」

「いっぱい遊べた」

「小学校はつまらん」

「お勉強はおもしろくない」

などと言い、チャイムが鳴っても運動場から教室に帰りたがらないこともたびたびであった。

あるとき、教室から見えている砂場のふたりを視野に入れながら授業をした。時間の半ばを過ぎてやっとふたりは教室に入ってきた。おでこやほほに砂をつけて神妙な顔をしているのがおかしかった。代わる代わる抱き上げてみんなに問うた。

「ふたりはわがままだ」

「約束を守らないといけない」

「ぼくたちだって遊びたいのをがまんしている」

いっぱい言うのを聞いて、

「約束をきちんと守っているみんなへのご褒美に、次の時間は砂場遊びにしてあげます」

わーい、みんな歓声を上げた。

そういうこともあった。

休み明けの日、Sくんひとりだけがやってきた。教室に五年生の姿はなかった。日記に赤ペンの返事を書いている私の横に来て、机にすがりつくようにして言った。

「どして、五年生のせんせいになったん」

びくっとして彼の顔を見てペンを置いた。

「校長先生が五年の先生になってくださいといわれたのよ」

「先生、ぼくたちのことをきらいになったん」

「嫌いになんてならないよ」

「じゃ、どうして校長先生にいやですって、いわなかったの」

「……………」

「先生、ぼくたちに言ったじゃない。いやなときはいやですって、言いなさいって」とつ、とつ、ともつれそうな口調で言うのに返す言葉がなかった。Sを抱きしめてやりたいのをぐっとがまんした。

「ごめんね、いえなかったの」

彼の小さな手を取り、両手で包んだ。彼はちらり、ちらりと私の顔と手とを交互に見た。チャイムが鳴った。

「しっかり二年生のお勉強をしようね。先生も五年生のお勉強をがんばるから」

「うん」

バイバイとSは手を振って教室を出て行った。涙が出た。それっきり、Sも誰も五年生の教室に来ることはなくなった。

あのとき、Sを抱きしめなかったのは彼の担任ではなくなったからである。もし彼を抱きしめていたらそれは許しを請うという、自分自身の甘えでしかなかったと今にして思う。

授業はまあまあです

新任の悩みは学級担任としてだけでなく、六年生の家庭科のことがあった。その頃は、高学年に比べて低学年担任は授業時間が少ないので、家庭科を受け持つことになっていた。先輩の先生からは、他学年の授業をもつことはいい勉強になると言われたが、自分の学級さえ四苦八苦している私にとっては負担が大きかった。家庭科の指導書を読んで、指導ノートを作成した。裁縫の実習のときは自分で縫って練習をした。家庭科は週二時間と限られており、責任をもって進めねばならなかった。

六年生は授業中、私語をするなど全くなく、発問すると手を挙げて答えてくれた。ノートや作品提出も学級委員がまとめて職員室に持ってきてくれた。時折担任の先生から「困らせることはありませんか」と尋ねられたがそういうことは全くなかった。計画通りに授業を進めることができた。さすが、六年生はしっかりしていると感心していた。体も大きく、どの子も賢そうな顔に見えた。彼らから「先生」と呼ばれるのがなんだか気恥ずかしい思いがした。こんな教え方でいいのだろうかと不安もあった。

一学期の終わりの授業のとき、私はミニテストの用紙を配って、授業の感想を書いてほしいと言った。内心は怖かった。授業はおもしろくないはずだし、ボロクソに書かれるに決まっている。でも六年生が私の家庭科の授業のことをどう思っているのか、さっぱりわからなかった。うんと大人に見える紳士、淑女のこの六年生の気もちがわからず、とても知りたかった。

職員室に帰って、どきどきしながら目を通した。

「授業はまあまあです」「特にありません」「普通だと思います」という内容のものがほとんどであった。そして、「先生は真面目に教えてくれます。だけど、あまりおもしろくないです。楽しい授業をしてほしいです」「じょう談などを入れて、楽しい家庭科をしてほしい」というのがふたりあった。そうなんだ。そういうことなんだ。「先生の授業はわかりやすくていいです」「真面目に教えてくれるので楽しいです」というのにはとても救われた。授業はつまらないなどというのはひとりもなかった。安心したような、申し訳ないような、ほろ苦い気がした。六年生に感想を書いてもらってよかったとつくづく思った。

発達心理学によると、一〇歳前後には大人同様の考え方ができるようになるとある。(1) 六年生は教師のありのままを、しかも新米の精一杯の状況も認めて評価してくれていたのだ。

先生がきた日

一年生を担任していた二学期に、病気で学校を休んだことがあった。四十二日ぶりにもどった教室では――。

……私のひと言、ひと言にワイワイ、ガヤガヤ。話し中に椅子のみならず、机の上にまでも足をのせている者……数人。授業中ノートに書いている時、席を立って友だちの所へ行く者……数人。休憩時間、机の上に腰を掛けていたり、机の上を走り回る者……数人。給食中もあっちこっちお散歩……数人。なんとにぎやかなこと！「四組の子はこんな子だったの？」ついに叫んでしまいました。翌朝の子どもたちの日記――。

きのう、わたしは石川せんせいといっしょにはないちもんめをしました。わたしはせんせいがきてくれてほんとうによかったとおもいました。（S）

石川せんせいがもどってきたよ。ぼくもびょういんへいったことがあるよ。ちゅうしゃもしたよ。（M）

せんせい、おしえるよ。ぼくは、せんせいがたいいんして、すごくよかったなーとおもいました。きのうたいいんしたので、だいじょうぶかなーとおもいました。（F）

わたしは石川せんせいがいなくてさみしかったです。（H）

ぼくは石川りつこせんせいのかおをわすれた。かみがたもわすれた。（I）

石川せんせいがたいいんしました。あえてうれしかったです。ぼくは石川せんせいがき

てるかたしかめに、しょくいんしつに、さんかいいったからつかれました。ちょうとっきゅうでいきました。（N）

学級だより――F小一年（1989　No.5）

猛反省した。子どもたちは担任の先生がもどってきた喜びを身体中で表現していたのだ。なんともいえないうれしさは、友だちと喋り、歩き回らずにはいられない感覚だったのだ。それなのに騒動する子どもたちとしかみえなかった。子どもの書いた日記をみて初めて騒いだ子どもを理解することができた。

ベテランといわれるような教師になっても、子どもを理解することは難しいものだ。

注

（1）ピアジェの知能の発達段階によると、六・七歳〜一一・一二歳の発達過程において、形や大きさの恒常性の知覚、因果性の知覚、基本的な概念をもつ、などが精練されて論理的思考のもろもろの土台がほぼ完成してくる。本文で「一〇歳前後には大人同様の…」としたのは、ピアジェ以後の多くの研究者の論文に従うところでもある。しかし児童期の発達過程は環境変化の影響を受けることも多く、また個人差が大きいので、一〇歳という年齢にこだわることではない。ただ、小学校高学年になると急に著しい変化が表出することが多く、この年齢での性格や心理的な発達経過には注意深くなくてはならないと思われる。参考文献として。

滝沢武久・山内光哉・落合正行・芳賀　純『ピアジェ　知能の心理学』有斐閣新書　1989　pp.130-147

ジャン・ピアジェ／ベルベル・イネルデ　波多野完治・須賀哲夫・周郷　博訳『新しい児童心理学』文庫クセジュ　白水社　2000

5　教師がみる教師

校長になって一カ月たった頃、廊下でO先生に呼び止められた。

「先生、今頃なんか違います。変わっちゃったです」少し言いにくそうに眉根を寄せている。

「えっ？　私？　変わってないよ。そんな……」

「いいえ、なんか話しかけにくいです。全然違います。今までの教頭先生じゃないみたいです。校長先生になられたからでしょうが」

「まあ！　一所懸命校長さんをしてるのよ！　がんばってるんだから！」

「前の方がいいです」

すみません、こんな失礼なことを言って、と彼女は足早に去っていった。もしあのとき彼女に指摘されなかったら、子どもに映る自分にも気づくことはなかったであろう。彼女にはどれほど感謝してもしきれない思いである。

　子どもをみる目は、子どもとのいろいろなかかわりのなかで培われていく。それと同時に同僚や先輩たちからも学んでいく。それは子どもをどうみるかという直接的なことではなく、その同僚なり先輩なりの姿勢から教師としての人間性を感じるということである。それが自分の目線のあり方に気づかされたり、修正するきっかけとなる。尊敬すべき先輩からはもちろん多くのことを学んだ。しかし、反目したくなるような同僚などのことの方が、自分自身に問いかけるものが深かったように思う。

生活のために

先輩に絵のうまい人がいた。彼はプロを目指して頑張っているのだと人から聞いた。いつも笑った顔をした穏やかな人柄であった。子どもからも人気があった。

「いいなあ、先生のクラスの子はきっと絵が好きになって、うまい子も多くなりますね」と言うと、「この間の参観日のあとの懇談会で保護者に言われてしまったよ」と細い目をさらに細めて笑った。もっと宿題を出して、宿題もちゃんとみて、子どもを鍛えて欲しいなどと厳しい注文があったとのこと。

「でもねえ、僕は宿題を見るのが苦手なんですよ。それに子どもはのびのびと育てたらいいのにと思うのですよねえ」

担任ならば宿題をみるのが苦手などといえないだろうにと思った。

「僕は本当は絵を描きたいんでね。教師はそのための仕事。生活がかかってるからね」

耳を疑った。生活のために教師をするなんて、そんなことを言っていいのか。許せない、と腹が立った。でもそのときは何も言えず、後で他の同僚に話してもっと驚いてしまった。

「そりゃあ、私だって同じよ。毎日毎日大変な思いをしてるのに、たったこれだけの給料では割が合わないよね」

喉元にぐっと熱いものがつっかえたようになって、その場を離れた。教師は全身全霊で子どもの教育に打ち込むものだという、立派な教師の義務感、職務観いっぱいであった。

しかし、その後目にする「絵の先生」のクラスの子どもたちの和やかな雰囲気や、「割が合わない先生」のゆとりのある態度が心に留まった。ふたりとも別にいいかげんな学級経営などしているわけではなかった。教師であって、生活者としてといった人間としての幅の広さを、まだその頃の自分には理解できていなかった。

春日の局

一九八〇年代半ば頃も職員室に「上席」と呼ばれる女性教員がいた。最年長者で職員のまとめ役であった。小規模の学校では目立たなかったが、所帯の大きな学校では存在感があった。四月当初、上席の先生は、女性教員を集めてみんなに指示した。職員室、校長室の朝の掃除や職員のお茶用のお湯を沸かすなどの当番は女性の役目だった。若い教員が遅刻して職員室に入るとぴしゃりと注意するなど、発言力や指導力もあり皆に一目置かれる存在でもあった。

その後次第に民主化された職場が目指されるようになったためか、「上席の先生」という言い方は消えていった。しかし、こういう人がいて、若手の者は職場の中での社会人として、あるいは人間としての素養みたいなものを教えられていたように思う。

教頭として赴任した母校は、児童数が一〇〇〇人を超す大規模校。四月一日「朝会を始めましょう」という、職員朝会開始の言葉から初日をスタートすることになっていた。それがどうしたことか、校長先生がなかなか職員室におみえにならない。電話か何かの用事があったのであろう。先生方はそれぞれの席で雑談している。落ち着かない気もちでその日の予定をメモしたノートに目を落としていた。するとそこに、パタパタと足音がして机の横から声が落ちてきた。

「早くしてくださいっ。六年の者は中学校へ入学受付に行くんです。もう遅れますっ」

ハイッ、声の主を見上げると、険しい形相の先生は言葉を投げつけると背中を見せて席に帰られた。私も気を揉んでいるのだがどうしようもない。しばらくして校長先生の姿がみえたときは心からホッとした。

これから始まる新一年生のための入学受付や教室準備について担当者から説明があった。それぞれ役割の場所に行き、めまぐるしく午前中の日程が終わった。昼になって、ロッカーはどこだろうかと更衣室に行ったが、私の名前は見当たらなかった。職員室に戻ると、朝私を叱りとばしたあの先生がおられた。多分この先生が一番の年長者だと、ピンときていた。

「すみません、私のロッカーはどこでしょうか」

とおそるおそる尋ねた。

「えっ？　更衣室にあるでしょう」

こちらを見向きもしないで、それでもパタパタと小走りに行かれる。後をついて私も走る。

やはり名前はなかった。

「後で係に言っておきますから」

ピシャッとした響きのない声に、お願いしますと頭を下げた。

三日目、各担当者から、職員会議の提案資料のプリントが目の前に差し出される。

「これが急ぐもので、こちらは次回でいいです」

ハイッと受け取る。プリントが雑多に積み重なる。

「前の教頭先生は、そういうプリント類を入れる菓子箱みたいなのを置いておられましたよ」

直ぐ前の席の先生がにこやかな笑顔で言ってくださる。事務室に行って、なにか箱はありませんかと、適当なのをもらってくる。そこへ、校長先生から電話。

「教頭先生、学校要覧を印刷しておいてくださいね」

えっ、学校要覧ってどれだろう？　もう時間がない。慌てて春日局の席へ走った。密かに彼女のことをそう名付けていた。すると、引き出しをガーッと開けて冊子を取り出したかと思うと彼女は叫んだ。

「みなさぁーん！　学校要覧を持ってる人は出してくださぁーい！」

ガー、ガーッ、パタァンと引き出しを開ける音が職員室のあちこちに響いて、みるみるB5版に閉じられた冊子が集まってきた。春日局はそれを数えると、

「〇部印刷したらいいです」

と言われる。

「どうやって印刷するんですか？」

思わず言った。この学校の印刷機はまだ使ってはいなかった。その日までに必要な印刷物は全て前任の教頭先生が整えていてくださったのである。春日局は一瞬あきれたような顔をした。

「来なさい！」

学校要覧のホッチキスを外して、手際よく次々と印刷される。終えると春日局は黙ったまま印刷室を出て行かれた。その背に、

「ありがとうございました」

と深々と頭を下げた。ほんとにほっとした。

その頃はもうすでに「上席」という言い方はなくなっていた。ただ私にとっては年上の春日局は怖い存在であった。廊下で出会っても顔をそむけられたし、

「○が必要だといっておいたのにまだ届いていない」

などと叱られもした。つっけんどんにされながらも頼らねばならないことも何度か発生した。それでも二学期の頃には学校の様子や仕事を理解していったし、春日局の存在をあまり気にしなくなった。

一二月のある日のこと。職員室には授業の空き時間の春日局とふたりだけだった。

「教頭さん、私はもうやめようと思っているんですよ」

「えっ？」

一瞬何のことかと――。

「やめるって？」

「退職しようと考えているんですよね」

「まあ……どうしてですか」

「もうそう決めているんです。まだ誰にも言っていませんけど」

なぜかぐっときて涙が出てきた。春日局は後は黙ってテストの採点の続きをしていた。翌年の三月いっぱいで、定年まで五年以上を残して退職された。

春日局には年下の者が目上の役にいるということは、うっとうしかったであろう。私も年上で圧倒的な存在感を職員室に漂わせている春日局のことが、うっとうしくなかったといえば嘘になる。しかし、そういう存在がなくなったということは、自分で自分にこれでいいかと問い掛けねばならない心許なさをしばし感じていたのを思い出す。「上席」の人の存在は、役職など関係なく、意義があったのを実感する。

ところで、私は春日局に対して教頭という仮面を外して、素面で接する努力をしていたのではないか。そうすることで春日局とうまくやっていけると無意識のうちに感じていたからであろう。それに対して春日局はどうだったか。決して素面では向いてはくれなかった。打ち解けることなくずっと自分の仮面を固く被り続けていたのだ。

しかし、今にして思う。春日局は仮面を付けていたのではなく、最初から最後まで素面で通したのではなかったのかと。

自分より年下のしかも同性の者が教頭としているということは、心穏やかではなかったことであろう。だからその鬱屈した感情をそのままぶつけて、顔をそむけたり、きついもの言いもしていたのだ。それはまさしく素面である。感情のありのままを表す素面の行動に他ならないではないか。もし彼女が仮面を被っていたのなら、年長者として表面上は要領よく対応していたはずである。

では、新任早々の教頭の混乱ぶりに手助けをしたのはどう解釈できるのか。素っ気なく見て見ぬふりもできたはずなのに、なりふり構わず助けを求めてきた新米教頭の素面が目に入った「窮鳥懐に入れば猟師も殺さず」——だから思わず動いた。素面で向かってくる者に対しては、素面で反応していく。そういうものかもしれない。仮面と素面、見極めることは

容易ではないけれども、それによって少しでも春日の局の哀しみに寄り添うことができるのかもしれない。(1)

いろいろな教師

ある学校の校長先生が言われた。「彼をそろそろ教頭にしてやらねばならない」と。その彼とは同じ学校に勤めたことがあって、人柄などを知っていた。感情にムラがあるのか、つっけんどんなものの言い方のときや、饒舌な無駄話に付き合わされるときもあった。

「ああいう人がもし自分の学校の教頭先生になったら嫌です」

「彼は教員養成系の学校を出ていて頭は優秀ですからね」

「子どもをよく叱りとばして、体育のときも自分は腕組みをして見ているだけで……」

「まあ、そう言いなさんな。役につけばそれなりに考えるでしょう。年齢もそろそろだし。彼のやる気をそいではいけませんからね」

そのときは軽く受け流したが、子どもの力を伸ばすとか、よりよい教育のあり方を模索するといった教育のなかみについて彼の口調は滑らかだけど不信の思いがあった。

公教育の場には多様な個性の子どもたちがいる。そういう個性のぶつかり合いをしながら子どもたちはさらに個性的に磨きをかけていくことができる。それは子どものみならず、教師についても同様のことがいえる。多様な個性の教師集団であってこそ、互いに切磋琢磨してよりよい教育を目指していくことができもしよう。教師として完成された人物はいない。教師が教師になっていく道は先輩や同僚とのかかわり、そして子どもたちとのかかわりによってでしかない。お互いの未完成の許容範囲の中でともに子どもの教育を目指していかなければならないのだ。ダメといいたいようなそういう先生でもどこでどのような力が発揮されているやも知れないのである。たまたまの出会いの職場の教師仲間と一緒に目の前の子どもたちの教育にあたらねばならない。自己中心に人を見ているときの戒めの「彼のやる気をそいではいけません」である。

注

（1）日常的には、仮面は偽りの心、素面は真実の心を表出すると解釈されることが多いが、ここでは仮面を否定的に解釈しようとしているのではない〈石川〉。このことについて若干の説明を加えたい。

仮面は原初、人が神と交感する装置として用いられ、やがてギリシャ語のペルソナ（仮面）は、特定の役を演じる行為の主体、権利の主体としての人格の意へと転じていった。仮面は博物館に陳列されるものでなく、役者のおもてとして生きて働くとき、深層の心の深みにうごめく気分、感情、情態性といわれるものとの二重構造〈坂部1〉をもち、自己と他者との人間関係によって人格として生起している。「仮面が素顔の隠喩であると同等な資格において、素顔は〈何らかの［原型］などではなく〉仮面（マスク）の隠喩である〈坂部2〉」。仮面の成立から用い方、働き方を概観すると、その意味の深さに驚かされる。「仮面」に関する参考書として、以下を紹介する。

石川律子『仮面――小学校教師の教材探訪』溪水社　2007
坂部　恵1『ペルソナの詩学』岩波書店　1989　pp.76-93「自――他の二重構造」
坂部　恵2『仮面の解釈学』東京大学出版会　1998　pp.77-99「仮面と人格」

Ⅱ　個と集団と教師の育ち合い

授業中、教師は絶えず子どもをみて耳を澄ませている。「Aさんは細かい線をよく見ているね」「あ、Bさん、なんで青色かなあ、と言ったね」などAさんBさんに応じている。各自がノートまとめをしているのをみて回りながら個別に助言する。こうしてひとりひとりに目を配り育てている。そして「今度はグループで確かめてごらん。何か発見があるといいね」「はい、みんな黒板の方を見て。今までいろいろと出た意見を整理してみよう」などと学級全体に語りかける。このように授業中も教師はひとりひとりを育てつつ学級集団も育てている。どんなに経験の浅い新米教師であってもそうやっている。新米教師でも個と集団に対応することが可能なのは、子どもたちが教師を教師としてみてくれるからでもある。学級集団が成立するかぎり、子どもと教師は共存的である。

そういう学級集団のなかで、子どもは他者との関係を広げて、自尊感情や自己意識を育み自立していく。個々の子どもが自立してこそよりよい学級集団となる。だから教師は子どもたちを漫然とみるのではなく、個と集団との両方をみて、個と集団の両方を育てていく。ひとりひとりがほんとうに育たなければよりよい集団にはならない。個の教育か集団の教育かというイチかゼロかの選択ではなく、イチもゼロも両者の教育が必要なのである。

こうして子どもと教師が協働的に個と集団の教育にかかわっていくなかで、あるとき、子どもたちが成長したなあと感じたとき、それはとりもなおさず教師自身の成長でもある。子どもは子どもの、教師は教師のそれぞれの発達の過程を生きつつ出会って、育ち合いが生じている。

1　学級の多様な子どもたち

Kくんのこと

教師になって一〇年目に二度目の一年生を担任した。クラスにKくんという小柄でやんちゃな男の子がいた。

「学校はおもしろおない。保育園の方がえかった」

としばしば言い放った。靴下を履くのは気もちが悪いといって机の下に脱ぎ捨てていた。平仮名をノートに書くときも何度もそばに行って促すと、やっとしぶしぶいい加減な字で書いた。忘れ物も再々で、隣近所の席の子に「かせえ」とか「かしてくれや」と言っては間に合わせていた。友だちに意地悪をすることはなく、自分の思いのままの幼い言動はなんとなく憎めない感じで、女の子たちは体操服を着せてやったり、服をたたんでやったりとかいがいしくお世話していた。そうしないと彼のために運動場に出るのが遅くなってしまうし、そのうちなんとかなるだろうと、黙認していた。

図工の時間のことだった。朝顔の育ちを観察して画用紙に描いたのをパステルで色塗りをすることにしていた。パステルを持ってくるようにと言っていたのに持ってきていない。

「Kくんは今日でもう三回目です。お隣の人も近くの人も誰も貸してあげてはいけません」

鉛筆で形を描き終わった画用紙を机に置いて、椅子にあぐらをかいているそばで重ねて念押しをした。

「色もきちんとつけて仕上げることになっているよね」

他の子のところを見て回っているとKくんがやって来た。

「外へいってきてもええか？」

「いいですか」

と訂正させる。

「先生、外へいってきていいですか」

「何するの？　お勉強中ですよ」

「勉強のことじゃ」

「どうぞ。直ぐに帰ってくるのですよ」

「うん」

出て行った彼がいつ教室に戻ってきたのか気づかなかったが、だいぶたってDくんが
「先生！」

と叫んだ。

「Kくんがパスじゃないもので色を塗ってます」

生真面目な子で少し咎めるような声。どうしたのかと行って見ると、鉛筆書きの朝顔の葉に緑色がかすれて付いている。しゃがんで手元を見ると、なんと、草をつかんで擦り付けている。

「まあ……えらい！　みなさん、Kくんが草で色を付けているよ、えらいねえ。褒めてあげましょう」

どこ、どこ？　と拍手しつつ数人が覗き込みに来た。

「すごお〜い」

周りで騒ぐのに関係なく、彼は画用紙をしっかりと押さえ、もう一方の手に握った草にペッと唾を吹きかけて黙々と擦り付けている。やがて、「できた」と持ってきた。

「つぼみの色はどうするの？」

「葉っぱだけでええ。もう手が痛い」

「これをみんなのと一緒に後ろに飾るけど、いい？」

ちょっとにやっとして頷いた。掲示板に並んだ色とりどりの朝顔の絵の中で、草の汁の絵は目立っていた。

「Kくんのは、なんか本物の葉っぱみたい」

Dくんが言った。

「ほんと、そうだねえ……」

私も応えた。

休憩時間が終わっても砂場からなかなか教室に帰ってこなかったり、女子トイレの個室の扉下の隙間を覗き込んで「ワシは女のケツを見るのが好きなんじゃ」と悪びれなかったりと、自分のやりたい放題。そのたびに子どもたちは、タイヘン！　タイヘン！　と騒いだ。

給食当番のときは、食缶もパン箱もミルク箱も重いから「やりとおない」「お前、もて！」と他の子に持たせてしまい、子どもたちは苦情を言ってくる。

「当番をちゃんとしない子は給食を食べられませんよ」

と注意すると次のときはストローの小さな箱を両手で抱える。自分の好物のうどんやカレーのときは係の子に、

「オレのにいっぱいつげ」

「もっと！」

と命じる。

あるとき、カレーを食べていた彼の姿がみえなくなった。おやっと行くと、床にひっくりかえってふ～ふ～とおなかをさすっている。

「どうしたの？」

びっくりすると、

「くいすぎた……」

みんなで大笑いした。

散々手を焼かせることは一年生が終わるまで続いた。他の子たちは学校生活のルールを身につけて、いちいち担任のところに聞きに来ることは少なくなり、教室の中での自分の所作を自分なりに習得して馴染んでいった。しかし、彼はそうではなかった。ずっと自分の素のままを通していた。

彼の奔放な振る舞いは、いずれ学年が上がると収まってくるであろう。現段階では強制的に正そうとすれば彼の個性をつぶしてしまいかねない。ある程度許容しつつ、学級全体の子どもたちとのかかわりに目を配った。

「大人になったKくんが十数人の会社の社長になって、従業員と車座になって酒を飲んでいる、その真ん中で手をたたいている彼の姿が目に浮かぶよ」同僚たちにそう話して笑った。

多様な個性の集まり

学級は様々な個性の子どもたちがいて成り立っている。活発によく動き回る子、おとなしい子、気真面目な子、意地悪をする子、運動より本が好きな子、勉強のできる子、そうでない子などなど。実にいろいろな個性の子どもたちがいて、学級集団が豊かで味わい深いものになっている。それを教師が指導しやすいようにまとまった学級集団に形成しようとしたら、個々の子どもの発達は変質してしまうし、学級集団も歪んだものになってしまう。学級集団を育てるのは、弱い子に合わせて強い子を足踏みさせるのではない。弱い子は弱いなりに、強い子は強いなりに、どんな子どもにも平等に教育の機会[1]を与えていくものである。それはひとりひとりの子どもの尊厳に対することでもある。

子どもの個性[2]をつぶすことなく、個性を発揮してそれぞれの子どもが自分で精一杯生きていくのを助けるのが教師の仕事である。

地球上には多様な生物が棲んでいることによって、地球環境はより豊かなものになっている。多様であることは豊かさと同義である。同様に学級は子どもたちの多様な個性の集団である。それぞれの個性という異質性は異質であるがゆえに、かかわり合うことによって反発したり認め合ったりしながら、補完的な関係になり得る。多様な異質が集まっていると、日々雑多なトラブルも発生する。このトラブル発生が大事で、それを注意したり、話し合いをしたりと、学級のみんなで共有して、意味のあるものにしてやるのである。

ひとりひとりが自己の能力を発揮できるように育てる[3]という個への対応。学級集団は自己を発揮するのをお互いに認め合い、許容し合っていく仲間集団、学び合う共同体として育てる。

この個と集団を二項対立でなく、個も集団も同時に育てていかなくてはならない。独善的な振る舞いのKくんに対して、いけないことはいけないと注意し、どこまでを認めて許容して学級集団と折り合いをつけるかが担任としての課題であった。

Kくんが草を擦り付けて色づけをしたのを見て、みんなが「すごおーい」と言ったのは、まさに個と集団の融合であった。それは担任が意図的に指導したのではない。それまで無意識にやってきたことが期せずしてうまく噛み合わされた出来事であった。

子どもが学級を楽しいと思えるのは、学級集団に帰属意識をもっているからである。子どもは学級集団を離れて孤立しては学校生活はできない。学級集団は単に個々の子どもが集まっているのではなく、お互いが直接間接に関係をもって存在している。子どもが自分はこの学級で大事にされていると感じることができて、友だちと競争したり協調したりして活動することもできる。

子どもたちに学級集団への帰属意識をもたせて、みんなと共に伸びていこうと学級集団を育てる。しかしこの帰属意識が逆に他者を排除することにもなっている。教師はこのことを含んでおかねばならない。帰属意識が強い集団であることは同質な集まりということになる。帰属意識をもった同質の集団になればなるほどどうしても異質を排除することになる。同質に向かうと集団の規制や行動のあり方に同調しないものを非難したり、集団に合うようにと無理やり従わせようとする力が働く。そういうパラドックスを含んでいる。だから同調できないものへの差別意識やいじめも生じる。

例えば、学級目標で「なかよくしよう」と掲げて、みんな一緒に平等であると強調する。子どもはどういうのが「なかよく」なのかは知っている。だから大勢と同調して振る舞えない者に対して違和感をもつ。意地悪をすることはいけないとわかっているから陰でのいじめをすることになる。「いじめはいけません」と指導してかえって陰湿ないじめを増幅させてしまう。また、障害のある友だちに対してやさしくしてあげよう、というだけでは善意の押しつけをしかねない。その友だちが「やさしくされる」のを嫌がったら、せっかくやさしくしてあげようとしたのにきいてくれなかった、となる。「○○してあげよう」というのはしてあげる側の優位性があり、上下関係、差別意識がある。

そうではなく、友だちとして対等の関係で、お互いがコミュニケーションを交わしてつながっていくようにしなくてはいけない。異質を同質とみるようにするのではなく、異質は異質として認めた上で、お互いの関係をどのようにつくっていくかを考えさせるのである。そういう人間関係を育てるのは、学校生活のなかの人と人とのかかわり方のいろいろな見方、考え方を感じ、考え、行動していくように教えていくことである。子どもは、これが正しい方法であると学ぶのではなく、いろいろなかかわりをするなかで、知的、情緒的に経験していくことが大事である。

注

（1）教育基本法第四条（教育の機会均等）すべて国民は、ひとしく、その能力に応じた教育を受ける機会を与えられなければならず、人種、信条、性別、社会的身分、経済的地位または門地によって、教育上差別されない。

（2）詫摩武俊監修『性格心理学ハンドブック』福村出版株式会社　1999　p.806「一般に、個性とは「その人らしさ」「その人の独自性・ユニークさ」であると説明される…つまり、個性とは「ある人を他者から区別する独自な特性の全体的特徴であるといえよう」（引用）。としたうえで「だから日常的な言い方の「個性がない」とか「個性的」というのは誤り。個性の「有無」や「量」が問題なのではなく、すべての人が個性的であることを前提として「質」こそが問題とされるべきだ」

（3）大田　堯『教育とは何かを問いつづけて』岩波新書　1992　p.168　憲法二六条の「能力に応じて」ということについて次のように述べている。「その子その子の遺伝子や、与えられたものとしての環境のちがいで育ってきた子どもの素質を、それぞれに個性的なもの、その子特有のもち味へと教育によって発展させることの権利として解釈すべきだ」

2　子どもに寄りそう

人間としてつながる

午後八時頃職員室で仕事をしていると、中学校から直ぐに来てほしいという電話が入った。何事だろうかと駆けていく。五分ほどの距離にある。黒っぽくそびえる校舎の一階に明かりが点いている。校舎を入ったところの警備員室の扉を開けると、男の先生がふたりと机の向こうに座ったMくんがいた。

「せんせえ」

彼はかすれたような声を出して立ち上がった。

「担任の先生ですか。私は生徒補導担当の○○です」

私はMくんの隣に座り話を聞く。運動場の角に運動部の用具の入った小さなプレハブがある。そこから野球の球を三個盗み出したとのこと。たまたま巡回中の警備員さんが通りかかったところに、窓から飛び降りたのを捕まえた。親の名は言わず、担任の名前を言ったので電話したとのこと。

「ボールを盗んだら泥棒じゃろうが。それくらいのことはわかろう。返事をせえ！」

「はい」

「ちゃんと顔を上げえ！」

思わず先生の顔を見て、慌ててMくんの顔を見る。

「今から一緒に警察へ行くか！　えっ？」

「いや」

首を振る。

「でもオマエは泥棒したんで。ボール一個でも盗んだら泥棒なんで」

「はい」

「どこから入ったんか」

先生の声が少しやさしくなる。

「あの……窓がちょっとあいとったので……」

「野球のボールが欲しかったんか？」

「いえ……」

「欲しゅうもないのに、三個もとったんか。理由になるまあ」

「……」

「この子は運動はあまり得意じゃないのですが」

私も不可解だった。

「売ろう思うたんか?」

えっと思ったが彼は黙っている。

今後こういうことは絶対しないことを約束し、このたびは警察には言わない、ということでふたりで謝りを言って警備員室を出た。ビルや商店の明かりが照らしている歩道を黙ったまま学校に向かった。中学校の先生に散々言われた。私はいまさら言う言葉がみつからなかった。なんと言ってよいのかもわからなかった。職員室に帰って教頭先生に報告する。物事の善悪はよくわかるはず、今後はよく考えて行動すること、といった注意をされた。校門のところまで送って行った。

「もう遅いから早く帰りなさい」

「せんせい、ごめんなさい。すみませんでした」

彼は頭を下げた。とたんに涙が出そうになった。気をつけて帰りなさいと言おうとしたが声が出なくて、彼の腕をぽんぽんとたたいただけだった。

翌朝、休憩時間に彼を連れて学年主任の先生のところにいく。

「つまらんことをしたもんじゃ。すみませんをいっぱいゆうたじゃろう。しっかり反省したか?」

昨晩の教頭先生と同様の注意をされた後で言われた。

「はらがすいとったんか？」

「いいえ」

「はらがすいとったらろくなことは考えん。ご飯くらいは自分で炊けるじゃろう」

「はい。炊けます」

「たくわんさえあればいい、しっかりご飯をたべること。いいか？」

「はい」

「すみませんでした」

と彼は頭を下げる。

この四〇代の女性の先生は、以前教育困難校といわれる学校におられたと聞いていた。つくづくかなわないと思った。教室へ向かいながら、「お母さんに話したの？」と聞くと「いいえ」と言う。「私も言わないから」と言った。

何か先生らしいことを言って、彼を諭したかったが、結局何も言えなかった。かたなしだった。ベテランの先生方がきちんと指導してくださったのだからと我が身を慰めた。しかし、担任らしく振る舞えない自分にふがいなさも感じて情けなかった。

Mくんは六年生になって大阪から転校してきた。母子家庭だったが、病院の賄いをしていたお母さんが入院してしまったので、知り合いのおばさんが食事洗濯をしてくれていた。学校での様子をノートに書いて、時折病院へ行くMくんに言付けた。返事は書かなくていいといったのに、「先生サマ、ありがとうございます」「よろしくお願いします」などとあまり上手ではない文字が鉛筆で書かれていた。何度かお見舞いに行くと、調子がよくないとのことで唇が紫色になっていることもあった。息子の勉強が心配でと話された。

彼が中学生になって、お母さんは亡くなり、近くに住んでいるおじさん夫婦のところで面倒をみてもらうことになった。お葬式のときに会ったおじさんはお母さんとよく似た顔立ちだった。

中学を卒業したMくんから、学校に突然電話があったのは五月のことだった。大阪で働いているという。駅の近くの印刷会社で、昼休みに一時間半くらい時間が取れるという。その週の日曜日に彼に会いに行った。新幹線の改札口で直ぐにわかった。うんと背が高くなり、お葬式のときに会ったきりの顔はずっと大人びて見えた。駅構内の店に入ってカレーを食べながら話した。生活の面倒をみてくれたおじさんはやさしかったが、おばさんは気難しくて、あまり話しをしなかった。とにかく早く家を出て働こうと思っていたとのこと。彼とさよならして再び新幹線に乗って帰った。

それっきりMくんとは会っていない。お母さんと交わしていたノートは今も手元にある。先生が持っていて、と彼は言った。

今振り返ると、あのとき担任らしいことが何もできなかったことを、あれでよかったのだと思う。

盗みという行為を彼の生活状況や心理状態により理由づけることは容易であろう。しかし、彼自身になぜ盗みをしたのかとただしても、明確には答えられないもやもやしたものが心に渦巻いていたに違いない。そして言葉を失った担任もただただ彼とともに立ち尽くすだけであった。そういう担任の情けなさと彼の惨めさとが重なった。彼は担任のありのままの人間性を感じ取ったのだ。だから大阪で会ってくれたのだと思う。

下着がなくなった

四年生男子が女子の下着を盗んだことが発覚した。その頃は水泳の授業のとき男女別に教室で着替えていた。水泳が終わって教室に帰って来るとひとりの女子の着替えを入れたビニルの水泳袋がなくなっていた。後でその水泳袋は別の教室でみつかったが、下着がなくなっていた。

担任は、その日の水泳見学者をチェックしたときひとりの男子が前回も見学であったのが心に引っかかった。もちろん見学の場合には保護者から風邪気味なので、といった連絡を受けている。

その後Kを呼んで、なにかつらい思いをしていることはないかと尋ねると、なにもないと答えた。ただ、目を伏せて落ち着きがない様子に何かあると直感した。最近の彼の表情がなんとなく暗いように思えていた。それで、校長室で一緒に話を聞いてほしいという担任の言葉であった。

彼を真ん中にして両側に担任と私、並んでソファーに座った。

「言いたくてもいえない事はある。でも本当のことは言わなくてはいけない」

俯いている彼の背中をさすってやった。だいぶたってから彼は手で目をこすった。担任に問われたときからすでに観念していたことであろう。

「水泳袋のこと、知ってるん？」固く引いた顎がかすかに動く。

「下着のことはぼくなの？」

おでこには脂汗のようなものがにじんでいる。小さく頷く。

「ああえらかった。よくこたえたね。今まで黙っていてしんどかったでしょう。苦しかったね」背中を強くなでてやる。

嗚咽を漏らして泣き出した。彼の隣で担任もハンカチで顔を拭いている。とった下着は下校途中の畑のような所に捨てたとのこと。

男の子が女の子の物になんとなく興味がわいてくるのは悪いことでも何でもない。男の子はだれでもそうなって大きくなっていく。ただ、人の物を黙ってとったということはよくない。このまま黙ったまま隠していたらずっと心の中にもやもやを抱えていくことになっていた。これが自分をダメにしてしまう。Kくんが正直な子だとわかってうれしい。もうひとつ、勇気を出して乗り越えよう。今回のことを家の人に話すこと――。そんなことを話した。担任が尋ねる。

「自分で言える？　先生が先に電話しようか？」

「いい、ぼくが話す」

彼が帰宅した後を見計らって担任は家に電話をして、学校に来てほしいと伝える。ずい分早くに母親と祖母とがみえる。さぞかし驚かれたことだろう。校長室のソファーに座ると直ぐに祖母がキッとした口調で言う。

「まあ、子どものことですからね。誘導尋問すればいくらでものせられて言います。言われるままに言うもんです。親戚には警察のものがおりますからね、そういうことはよくわかっております」

スーツ姿に白い皮のハンドバックの上に両手を重ねて背筋を伸ばした祖母。母親はブラウスにスカートの普段着姿でやや俯いてハンカチを握り締めている。担任が事の経緯を説明する。

「最近表情が暗いようなのが気にかかって」

「子どもを色眼鏡で見るんですかっ」すかさず祖母の言葉。

母親が言う。

「あの、このところ水泳があるたびにしんどいから休みたいといいますので、塾の宿題を遅くまでやってたりするので、疲れているのかと水泳のお休みの連絡をさせてもらっていました」

「上が高校生の息子なので、その子のこともなにかあるのかもしれませんねえ……主人ともよく話してみます」

祖母はもう何も言わなくなった。

「相手の○さんにはどうしたらいいでしょう」

「電話でことわりを言われたらいいと思います。私からも言っておきますから」と担任。

母親は何度も頭を下げて帰っていかれた。祖母は背を伸ばして黙ったままであった。

その後Kくんは以前よりずっと明るい表情になったと担任から聞いてほっとした。親にとっても驚きであろう。ましてやかわいい孫になんということをという祖母の感情もわかる。父親とよく話すという母親の言葉は心強かった。ここでこそお父さんの出番。いい話し合いがなされたであろうことはKくんの表情が物語っていた。

思春期にかかった子どもへの対応は学校だけの一斉指導では無理である。家庭での理解協力がどうしても必要である。

担任はそれぞれの親と話して、お互いが気まずくならないようにと気を配ったようだ。

子どもの可能性を引き出す

朝教室に入るなり「先生、やってきたよ！」とMくん。「あ、出しておいて」と返事をしておいて他の用事をする。後でノートを開いてびっくり。二ページに渡って漢字がびっしり。ページの最後には「ふーはじめていっぱいやった。つかれた」とまで書いてある。ふだんは二、三行だけ書いて提出していたり、出さないこともたびたび。それなのに何があったのだろうか。今朝彼はどんな気もちで学校にやって来たのだろう。ろくろく顔も見てやらずだった。

漢字をこれだけ書いたというすごい力が彼自身によって発揮された。教育は子どもの内にある可能性を引き出すことにあるといわれるが、これは担任が直接引き出したものではない。それをみたときすかさず、おおすごい！　と、彼自身によって発揮されたことに率直に感動し共感してやらねばならなかったのに。取り返しのつかないことをしてしまった。

子どもを教育するということは学校生活のもろもろのなかにある。日常のなんでもないような小さなことが積み重ねられていく。だからこそ気づかないままに大事なことが見過ごされていく。どんなに子どもが傷ついているかも気づかずに。子どもをみること、子どもの言葉に心を留めてと頭でしかわかっていない。

取り返しのつかないことは、今のことは今でしかないということ。後で、ごめん、ごめんと謝れば「いいよ」と許してもくれるであろう。それでも朝教室に入ってきたときの彼に対して言葉を掛けているのではない。大事なときは一こま一こまの何気ない一瞬にある。気を抜かないで、ということではない。教師の一貫した姿勢。大事なことは子どもが教えてくれるということを実感することでもあろう。子どもに学ぶというがそれは高みからの言葉のように思う。子どもの目線で共感できるのは安易にはありえない。

そのような共感の通い合いがあって、初めて子どもの可能性を引き出すことができる。

教師の仕事は子どもの中にある可能性を引き出すことだと林竹二先生はいわれる。そのためには授業のときに「瞬間ごとの子どもの動き、あるいは子どもの事実を正しく見抜いて、その中に子どもを変えてゆく確かなてがかりをつかむ、また欠陥があるならば、その欠陥を除いてやるための具体的な手段、方法を発見し、それを駆使する専門家としての識見や力量を、教師はそなえなければなりません」[1]。子どもがみえるようになるには教師の力量が必要である。そのために教える技術や教材研究をして備える。しかし、そうやって教えることに意を注いでしまうと子どものことはみなくなってしまう危険性も生じる。簡単にはいかないが、それは子どもとのかかわりの日常生活の中で鍛えられていくことでもある。

子どものみえ方

教師がみている子どもは生きた人間である。日々変化している。それを静的なものとして切り取ってみたのでは、その子の全体像からみると違和感がある。ありのままといっても、それは子どもの全体をみていっているのではない。教師がみた子どもの部分でしかない。子どものありのままという全体の姿は把握しきれるものではない。一教師の観察した一部分であり、他の教師やその子の保護者が受けとめている子どものありのままではない。

例えば、班で話し合いをしたときのこと。Cくんは「自分はこう思うけど」と切り出して、Aさんは？　B君は？　とそれぞれの意見を聞きだし、「でも○○のことはどうなる？」と話し合いを上手に進めていった。そのことを保護者に伝えるとたいそう驚かれた。

「三人兄弟の長男で、下に押し付けるばかりで、人の意見を上手に聞けるなど思いも寄らなかった」

時や場所、関係性によって子どもの振る舞いは変わる。その時点や場での、その子どもの一面でしかない。また、Cくんを「上手に話し合いを進めることができる」と評価したのは、担任の「こういう子に育てたい」という意図に基づいた目である。他の教師が異なった考え方のもとでみた場合には、また別の評価が生じる。いずれにしても、ありのままといっても一部分でしかないし、観察する教師の主観的な見方によるものでしかない。

このように子どもを多様な側面から、また様々な視点でより客観的にみて評価しようとしても、活動している子どもをみるときにはどうしてもみる者の感情が動く。(2) みる者の主観的な感情でみているのである。しかしこの感情があるからこそ、子どもの応答が生じて教師と子どもとの関係性がつながっていく。だから教師は自分の感情を大切にしていかなくてはならない。

子どもからの反応を自分の感情で受けとめる。それをいったん預かっておく、あるいは即座に返す、などの間合いをはかって関係性をつくっていく。だから教師は主観的であることを躊躇する必要はない。しかし、この間合いのはかりかたが、主観そのままということではなく、「自分の感情との距離のとり方」である。(3) 教師はそういう力量を身につけていくことを意識したい。

ひとりの教師が子どもを完全に理解することは不可能である。子どもの一部を、しかも教師と子どもとの感情の応答によってみている。そこには誤りも含まれているかもしれない。しかし教師はそういう不完全性を自覚してこそ、子どもをみる目に余裕をもつことができる。自分の不完全性を自覚することで、不完全な子どもがみえるし受けとめることもできる。また教師の仮面(4) の権威でもって子どもに叱咤激励もでき、あるいは素面で子どもに寄り添っていくことも可能になる。

注

（1）林　竹二『学ぶということ』国土社　1990　p.120

（2）西平　直『教育人間学のために』東京大学出版会　2005　pp.180-181　観察者自身の主観的反応（逆転位）が最も鮮明な形で姿を現わす場面こそ関係性が生じる。観察者の主観的反応においては「自分の感性との距離の取り方」が大切になると述べている。

（3）河合隼雄『新しい教育と文化の探求』創元社　1997　p.181　河合は、臨床家とクライエントとの関係性を両者が完全に対等関係になることではなく、感情の応答、その距離のとり方が大事だと述べている。「自分の感情との距離のとり方」は、観察者に求められる力量、「訓練された主観性」である。

（4）本書（pp.56-57）仮面・素面について注（1）参照

3　学級の風土づくり

学級担任の仕事は、子どもひとりひとりの能力を伸ばし、自立的に生きていくことのできる力を養うことにある。そのためには少人数の方が個に対応した指導ができる。しかし責任、思いやり、公正などについては三〇人、四〇人という集団があってこそよりよく育てることができる。子どもたちの社会的な集団である学級。そこではいろいろな考え方を子どもどうしで交流し合うことに大きな意義がある。また、みんなで話し合うことはとりもなおさず自分自身に問いかけをすることでもある。

交流し合うことの第一は、話し合うことである。その後で自分の考えを書いて整理したものなどを『日記から』という学級通信のようなものにまとめて適宜発行していた。この『日記から』は、学級の出来事に対するひとりひとりの思いをみんなで共有することをねらっていた。学校生活のなかでは日々様々な事象が発生している。

ゆくえ不明になった本

Tさんが『地球大紀行』第1巻～4巻の本を持ってきた。おもしろい本なのでみんなにもみてもらおうと一週間教室に置くとのこと。ところがその中の一冊が行方不明になったのである。

「てってい的にさがそう」

せっかくみんなにみせてくれようと持ってきてくれた物をなくすなんて、どういうことだろうと思う。いっぺん家でよくさがしてみて、なかったら学校で大休けいやらをつぶしてでもその人の物は探さなければいけないと思う。そのクラスの責任だもの。（E）

おかしい、本には足はないから歩いてどこかに行くわけはないし、教室にあるはずだから、てってい的にさがさないといけません。自分の部屋でなくした本も、お父さんの書類と一緒に出てきたのです。絶対あるはずです。でもだれかがまちがえて持って帰ったのかもしれません。（H）

「べんしょうしては……」

もしさがしても、さがしてもみつからなかったら、みんなでお金を出し合って買えばいいと思う。わたしも1巻を読んだのでせきにんがあると思います。でもちゃんと直したけどなあ……Tさんゴメンネ。（A）

「お金をはらう」という意見が出てたけれど、お金でかたづく問題じゃないと思う。どこかになくしたのならその人が出てきてほしい。とった人が悪い事だと思っていても出てこれなかったら、お金をはらうとその人は悪い事をしたと思い続けると思う。（S）

――当のTさんは「……何人かが言ってくれた、べんしょうというのは、名前も書かずに持っていった私に責任があるんだから、べんしょうなんかいいと思う……」――

「そして、ありました、本が」

ぼくは先生や友達に言うか、言わないか迷った。それは、A君がまただれか、みんなからいやみを言われるだろうと思ったからだ。でもTさんのことを思うと言わずにはいられなかった。それで友達に言った。それを聞いたSさんが先生に言った。たまたま遊びに行ったA君の家で本を見たのです。（M）

「A君の気もち、とってもよくわかるよ」

A君がちゃんと前に出てきてないてあやまりました。「みんなになにか言われるのがやだ」その気もち、よく分かりました。（A）

私はA君がなぜ本を持って帰って、またこっちへ持ってこなかったか分かっている。もし持ってきて、一人に見られたら、どんどんうわさが広がって、みんなに白い眼で見られるのがいやだからそうしたと思う。（S）

……みんなの前であやまるのも、すごくいやだったと思う。でも正直にあやまってくれた……よく正直に言ってくれたと思う。（E）

A君はとてもつらかったと思う。心のおくがむやむやして言おうと思うけど、それができない。みんなが変なことを言う。ぼくもそう思ったと思う。でも、つらいのは、その人か、そういう思いをした人でなければ分からないと思う。A君はみんなの前でよく言ったと思う。（S）

A君がみんなの前でわけを言った時、自分が悪いという事をみとめたんだなあと思いました。もう出て来ないと思っていたのに、出て来てよかったです。一生懸命探してくれたみんな、解決してくださった先生、ありがとうございました。これからも私はみんなに見せたい物があったら持って行くつもりです。(T)

……A君は何か言われそうなので持ってこれなかった。なぜ先生は泣きそうになったのだろう。教えてください。ぼくには分かりません。(M)

先生もなみだぐんでいましたね。(M)

……ぼくはいっしゅん、先生もなみだぐんでいたからびっくりした……(T)

『日記から』――F小五年(1987 No.21)

子どもは友だちのことをよくみているものだ。そして、友だちを見ながら自分自身のことを見ている。さらに、担任のこともちゃんと見届けている。

子どもたちにとって最も関心が強いのは友だちとの関係であろう。学校生活のなかで日々発生する出来事を、担任はそれを取り上げて、みんなで話し合ったり道徳などの授業で考えさせていく。しかし事は一度話し合ったら解決するというものではない。日常のことは繰り返し形を変えては生起する。

新しい学級で

新しい学年、学級のスタートにあたって、みんなで学級目標を決める。「楽しいクラス」「なかよしのクラス」「明るいクラス」などと口にする。だから子どもたちの中で人気があるのは、ひょうきんで楽しい言動の子や明朗な子などである。しかし、学級での生活はいつも明るくたのしくという具合にはいかない。

今日五年になってはじめて学級会をして、なかなか発表できなくてくろうしました。それに人が言ったらすぐ「なんでー」とか言う人がいるので、言わないようにすればいいと思いました。（S）

バカじゃーとゆわれるから発表はあまりしたくない。でもまちがっても発表したら、ぼくがこんなことを思っているとわかってくれるけど、やっぱりもんくはいわれたくない。みんなも、もんくをゆわれたくないし、きんちょうして言えないと思う。（T）

ぼくは発表するとき、きんちょうしてしまう。それは、まちがったらはずかしいからです。でもお母さんはまちがった所ほどおぼえるよと言う。でもまちがいたくない。たしかにまちがった方が覚えやすい。漢字でも計算でもそうだ。まちがった方がいいのか、あっている方がいいのかわからない。（M）

わたしは発表するとき、自分で考えていたことを心の中で一度ゆってみて、それで発表のときになって、どうしようかなと考えてばかりで、自分が当たった時にはきんちょうして言うことをすっかりわすれてしまって、心の中で言ったことが全部ちがう言葉になってしまい、言えなくなってしまうのです。（M）

今日の発表でみんなわかってくれたと思う。今度は、みんなを信じて、できるだけ発表しようと思います。（T）

『日記から』――F小五年（1987　No.6）

このごろ朝の会がうるさいです。先生のいないときには平気でしゃべってるし、出席をとるときもしゃべってるし、日直が「しずかにしてください」と言っても聞いてくれないし……（M）

最後にS君のことば――

先生が教室にはいってきたとき、こわい顔をしていたら、なんかわるいことがあったとわかるし、にこっとした顔だったらいいことがあったとわかる。いつも、にこっとした顔でいてほしいなあ。（S）

『日記から』――F小五年（1987　No.12）

ああすべてみられている。「いい顔でさわやかに今日を出発しますね」と反省の弁を書いてはいるけれど、子どもたちにはおみとおしだ。

要領がよい子・悪い子

子どもの動きは担任には案外みえていないものだ。

要領がいいのって許せない

――授業始まりのチャイムが鳴ったのに、ストーブの所で遊んでいて、運悪く先生にみつかってしかられたH君T君。放課後ふたりは泣きながら言った。「そりゃ、ぼくが悪い。けど、言っちゃあいけないけど、くやしい。ぼくらはいっつもみつかってしかられるけれど、みつからないで知らん顔している人がいる。それがいやだ」――

Yくんの日記から

先生、ぼくこのごろよくそうじの時先生におこられるようになったでしょ。今日のそうじの時T君がたたかれそうになったでしょ。あの時先生は、友達なんでしょ、うれしいのかといったでしょ。ぼく、ほんとはあの時たたいてほしかった。いくら仲のいいT君であっても。それは、その時のそうじ時間の時のT君の行動と、いつもの行いからです。先生今、T君よく勉強とかやってきてると思っているでしょ。でもほんとはね、宿題も忘れているのにいつもなんかかんかとごまかして、このごろいつもそれなんだよ。S君のを写しただけなんだよ。それなのにいい気になって（略）……

ぼくはそんなT君はずるいと思う。先生がいなかったときは黒板消しをきれいにするやつで遊んでいたんだよ。でも先生なんかが来ると急に教室にかえってやりだすんだから……（略）そんなのずるいと思う。ひきょうだと思う。ぼくがおこられた後、みつからなかったからよかったとか、ぼくに言うんだよ。ほんとにずるいと思った。思いきりなぐってやりたかった。明日テストをやってこなかったら、ずるいと言ってやるんだ。先生、ここだけの話だよ。やっぱり今日も宿題しなかった。夜の十時半に勇気を出して書いた。（Y）

──それからY君の日記は三日続きました。「先生だったらどうやってきかせばいいと思う?」と。そしてS君の日記です──

ぼくは○○君の話をしっています。Y君の生活ノートを見せてもらい、ぼくは本当にT君は悪いやつだとしった。いい時はやさしいけどいやな時もある。そういう心が大事な友達を失っていくんだなあと思う。（略）早くT君を注意して本当のT君にしてください。（S）

──私は読みながら、書いた人、書かれた人の気持ちを思うと泣けてきました。みんなで話し合いました──

なぜかぼくらはいつも悪いことをしたらみつかってしまう。だから、ぼくらは目をつけられているとばかり思っている。（T）

ぼくはいつもおこられるが腹の中ではいつも「こんちくしょー」と思っている。だれだって、おこられたら腹が立つだろう。要領のいいやつは、ぼくたちにとってとても腹の立つ存在だ。（A）

要領のいい人は見ているだけで腹が立つ（略）……もしかしたら私もその一人かも……しかし私はべつにおこられてもどうとも思わないけど……しかし、いやでもつきあっている人、その人の下にわざわざなっているということはある。とってもひきょうだといわれてたが、どことなく悲しくなった。（S）

○○君、今おこられてよかったと思います。だって大きくなった時、もしこそこそしていたら、きっとどろぼうか何かになって、つかまってしまうかもしれないのです。○○君の話をお母さんにしたら、「ウン、本当に、大きくなって会社に入ると、そういう上司にはぺこぺこして、下の人にはいばりかえるような、かげひなたのある人が出世するんだよ。いやな世の中だね」と言っていました。私だったら出世しなくても、上司にぺこぺこしたりはしたくないと思いました。（K）

T君の日記から

今日の先生のお話、よーくわかりました。だいたいうすうすと感じていたんだけど今日のお話、ぼくのことだと分かりました。本当です。テストしてこなくってY君のテストをみしてもらったり、クラブで一〇周走るところを五周にしてみたり、ぼくは今までしてきたことが情けなくなってきて、はずかしいです。Y君やS君に注意されてとても感謝しています。Y君やS君はほんとうに良き友達です。ぼくは今日を基に、はずかしくない堂々とした学校生活や、家での生活をやりたいです。これからは先生にもどんどんおこられてもらいます。もう要領よく逃げたりはしません。男らしくやりたいです。ぼくは本当に情けなかったです。本当にいい友達を持ってうれしいです。今度からがんばります。どんどんおこってください。これからも……疲れるかもしれませんがよろしくお願いします。

H君の日記から

ぼくは今までぼくよりケンカが強い人にあんまりいけないことをやっていても注意はしなかった。注意しても、いいわいやと、いじけたり、えんきられたりされるかと思っていたから。でもじっさい、そんなことがあったからそう思っていた。でもいけないことは注意しなければいけないと思う。縁切られてもいいから、いじけられてもいいから、絶対注意をしなければいけない。

『日記から』――F小六年（1983 No.17）

4　組織の協働的活動

教育活動は、学校という組織全体で行われる。組織全体が、それぞれの役割を果たしつつ、協働的一体的に活動しなければ教育の成果は期待できない。ここではまず、そうした組織の構成と機能について概観した後、組織の連携について考えてみたい。

組織の構成

まず組織の構成を大きく分けると、授業を通して子どもの教育に直接かかわる役割と、授業は日常的にはしないけれども、子どもにかかわって学校運営を支える役割とがある。前者は学級担任、あるいは音楽や家庭科などの専科担当であり、後者は、事務、業務、給食などである。また養護教諭や管理職などはその中間的役割といえる。ともかくこれらの人々が相互に連携しつつ、各自の役割を責任をもって遂行することが、学校全体で行う子どもへの教育活動である。

ところで、学校全体の子どもたちについて最もよく把握しているのはだれであろうか。それは、養護教諭、事務、業務などの人たちである。

養護教諭

頭が痛い、指を怪我した、などと保健室にやって来る子どもへの処置は表に見えている仕事である。毎日二校時に入った頃全学級を見て回る。それは各学級の入り口に掛けられている出席簿の出欠状況の確認である。風邪引きの流行る時期になると、校長室に連絡が入る。「今日は二年生の風邪の欠席者が一〇名です。四年生も七名います。きょうだい関係が多い学年ですから今後の様子を注意してみます」

保健主事とも相談しながら、学校医へ連絡して子どもたちへの留意事項を確認し、保護者に風邪予防のためのプリントを配布する。心の悩みを抱えた子どもが保健室で打ち明けることもある。保健室登校といわれるように、教室に入ることができない子どもが、保健室を自分の安心できる居場所としていることはよくある。また教職員の健康管理にも心を配るなど、養護教諭の果たす役割は広く深い。

事務の仕事

事務は、入学や卒業に際して、名簿を作成しひとりひとりを確認している。また就学援助を受けている家庭への連絡をして経済的な状況なども把握している。あるいは、保護者からの欠席や遅刻の連絡が入る。「三年二組の○○ですが、腹痛のため病院へ行ってから登校します」などの電話を受けて担任にメモを渡す。また、時々学習係の子どもが事務室にやってくる。「白いチョークをください」「赤と青のマジックをください」などと。いきなり「チョウダイ！」と入室してくる子に対しては、「何年何組ですか」とやんわりとやり直しをさせている。

事務の仕事は、子どものみならず教職員も含めた、総務、学務、人事、財務といった、学校事務全般を実質的に把握し、学校運営の根幹を担っている。

業務の仕事

担任から机や椅子の修理依頼がある。それらを対処しながら、「○年○組は前学期にも机の天板を取り替えたのに、また今回も机の切り傷が激しく傷みが増えている」などと学級の子どもたちの状態を思い遣っている。

一年生がよく使用しているトイレでのこと。たいてい水曜日の午後、流していない大便がそのままになっている。とても健康的なものだがペーパーを使っていない。家庭でウオッシュレットなどに慣れるとそうなるのだろうか、などと思わぬところでの観察の目が一年生の先生方に届けられる。業務は、施設や樹木、草花、小動物の飼育などの管理や環境整備を行い、教育活動の土台を支えている。

栄養士と給食調理員

給食時間が終わって、子どもたちが食器や食缶などを返しに来る。「ごちそうさまでしたあ」「全部食べたよ」「おいしかったよ」口々に言う子どもたちと、「ああそりゃあよかったねえ」「これからもしっかり食べようね」などと交わしている。

給食の献立は多彩である。和風、洋風、エスニックなどいろいろな料理を楽しみ、どの子もしっかり食べて欲しい。けれどもどうしても好き嫌いがある。特にひじきなどのときは学級によっては半分近く残っていることもある。もったいないこと。でも、「子どもたちに人気がなくても、こういう料理がある、身体をつくるもとになる、ということを知ってほしい。だからたとえ残菜が多くても献立に入れよう。もし給食で作らなかったら、一生口にしないことになる子どもがいるかもしれない」と市内の栄養士の献立検討委員会で話し合ったのだと栄養士から聞いた。

栄養士は、保護者に給食献立のレシピの紹介、給食試食会、またアレルギー体質の子どもへの対応などにも気を配る。食育は家庭との連携がどうしても必要である。

組織の機能

つぎに組織体の機能について事例をあげよう。

学校という組織体のなかでそれぞれの職員による職務遂行が機能して、教育活動が円滑にとり行われるが、ただ機能しておればよいというものではない。商品の製造作業ではない、生きている子どもたちのための教育活動である。それぞれ違いのある個性の子どもたちが、よりよく学力を習得していけるように努めるためのものである。その作業も機械ではなく、教職員というすべて人による働きである。人間の組織で人間を教え育てている日々だから前へ前へと動いていく。今日も昨日と同じという繰り返しは、学校という場では決してあり得ない。どの子もその子のあゆみをしながら進んでいくのである。

今のことをまた今度と安易に先送りしたり、ミスに気づかなかったりすると、取り返しのつかないことにもなる。

給食調理場でのこと

給食室では毎日子どもと教職員の六〇〇食あまりの食事を作っている。パートも含めた調理員五人と栄養士とで、献立に合わせて、洗う、切る、煮るなどの役割分担で作業を進める。熱いものは熱く、冷たいものは冷たく、子どもたちがよりおいしく口にできるようにと作る順序も考慮する。

その日の献立に野菜サラダがあった。キュウリを野菜細断機に入れるとたちどころに薄い輪切りが出てくる。キャベツもみじん切りになる。サラダが仕上がる頃には、片方では使った調理用具や機器類の洗浄も手際よく進められていく。そこに――

「アッ、歯がこぼれてる！」の叫び声。

野菜細断機は分解して洗う。ステンレス製の円盤の周りに一・五センチの小さく立ち上がった歯がついている。その小さなひとつが欠けていることに、ひとりの調理員さんが気づいた。今日の使用のために昨日準備し点検した時は何の異常もなかった。みんなで相談した。最初から作り直すには時間も材料も無理。後三〇分もすれば子どもたちが給食室にやって来る。とにかく、調理台にサラダを広げて、こぼれた歯のかけらを探そう。金属性の破片である。口に入れると大変なことになる。みんな目を皿にして指先に神経を集中してサラダを掻き分けた。なかなかみつからない、焦る。どこかにあるはずなのに――。もしみつからなかったら献立からサラダは外すしかない。

突然「アッタアー！」みんな大声の所に走る。流し台下の排水溝の網の所に、キャベツやキュウリの切れ端に混じって破片が光っている。みんなものも言えずただただ涙涙涙――。

という栄養士からの報告を聞いた。より完璧な職務の遂行を期すのは当たり前のことである。仕事は効率よく進められてこそ適正な作業も可能となる。効率よく作業を行うという根底には、子どもが口にするものを作っているという自覚があってこそである。

組織の連携

組織を構成している各職務の働きの一例として、給食調理場の光景を紹介した。今度は組織の連携プレーについてみる。先に述べたMくんの話（70ページ）では、学級担任はひたすらMくんに寄り添っていた。それができたのは組織による協働があったからである。教頭先生、学年主任の先生、また中学校の補導担当の先生、それぞれの立場のものがMくんの指導を行った。だからMくんにひたすら寄り添うことが担任としての仕事であったといえる。これが組織の連係プレーが作用していたことである。

下着の子の話（75ページ）も同様である。担任と校長との協働により、担任のみより幾分異なった指導が子どもにできたといえよう。また保護者に担任と校長とで対応したことは学級だけでなく学校全体で受けとめていく姿勢を示すことにもなった。子どものプライバシーを保護してやることも含めて、今後の水泳指導や性教育にかかわる事柄を全職員で検討を行った。

組織の連係プレーができることは、組織全体で子どもをみることが共有されているからである。どこでどのようにといったマニュアルなどはない。それぞれが各自の仕事を忠実に果たしていく、それが直接間接に子どもをみつめて教育活動を行っている組織体である。

協働的活動の広がりと深まり

組織は個によって構成されている。個がそれぞれに責任をもって自分の職務を行うことによって組織が機能していく。子どもをみつめて教育をするなかで、職員集団が協働性を発揮すると、いい知恵が出て、教育活動の幅も広がる。そして、せっかくの教師集団だからお互いから学び合おうと、研究授業などのように構えたものではなく、ふだんの授業をみ合うことも行われるようになる。保護者に「いつ来てくださってもいいですよ」ということも、建前でなく自然の動きとなり、保護者によるボランティアの活動も多彩になり、家庭や地域の情報も学校に寄せられるようになってくる。学校組織の活動が他の組織とも連動して、協働的活動が活性化されていく。すべては、教職員ひとりひとりが自分の職務を通して子どもを育てるという、あたり前のことから始まっている。

音楽専科の先生

全校児童朝会のひとつに音楽朝会がある。そのときの歌は、「今月の歌」のプリントをもとにして、各学級で朝の会や終わりの会などに歌い練習をする。音楽朝会の指導は音楽専科の先生である。一年生から六年生という声の出し方や質など大いに異なる大集団を指揮し、のびやかに楽しい歌の響きにもっていくというのはたいへんな技量である。

「は～い、一年生のみんなで先生がいるここまで声を届かせてえ～、そう－いいよぉ」

「は～い、こんどは六年生、なめらかにどうぞお～」

ピアノ伴奏の先生がいないときには自らが奏でつつ、指先、指揮棒、目線でと子どもたちの声は縦横に引き出されていく。

「歌のときに子どもを絶対におこってはいけません。子どもはいい声をいろいろに出すことができるのです」

と音楽の先生の言葉。全校の子どもたちの歌声で学校の朝が始まる。なんともいえない清々しさが漂う。

ティーム・ティーチングの取り組み（個に対応する組織的連携）

教師は子どもに学力をつけてやらなければならない。学習指導要領に示されている学びをどの子にも習得させなければならない。しかし、子どもは個々の能力、心身の発達などに違いがある。限られた時間のなかで、一様にわからせることはできにくい。しかも、学習はその子自身の内面の働きがあってわかるようになる。その子自身の意欲、理解のしかた、やる気の持続などが伴わなければ、教師がいくら外から押し付けても、学習として習得されない。

そこで、現場からの個別指導ができる体制の要望は大きいが、整うのを待ってはいられない。集団の学習の中で個に応じた指導の工夫をしていく。一つの事例が、学年担任集団の組織でのティーム・ティーチングの取り組みである。

三年生の算数のつまずきが後々の学年の学習に影響してしまう。そこで四則計算の習熟を図って、子どもたちを小グループに分けて指導することが計画された。加減、乗除、少数、分数の計算の習熟度別に六つのコースを設ける。チャレンジコース、いきいきコース、じっくりコースなどのネーミング。じっくりコースは、足し算、引き算からやっていく、いきいきコースは掛け算、割り算を主とする、チャレンジコースは計算に自信があるので難しい問題に挑戦していく、などの内容である。指導者は学級担任に専科担当教師（書写、音楽）を加えた六名。各コースで用いる教材は、教科書、ドリル、手作りミニテスト類である。どのコースを選択するかは子どもの自由に任せる。途中でのコース変更も可能とする。

子どもの中には最初のうちは自分の実力より難易度の高いコースを選んだが、次第にコース選択を自分の能力に見合うようにして慣れていった。

じっくりコースの教室にいってみた。六名の子どもが扇型に机を並べてその要の所にN先生が座っている。「よかったの、大きい数の計算もらくらくできるようになったぞ」T君のこめかみに汗がふた粒見える。「あ～汗が出るほどがんばったんだ」彼の背中をさすってやるとちょっと笑った。子どもはわかりたい、できるようになりたいのである。彼なりのわかったという実感はさぞうれしかったことだろう。その後彼がすいすいと計算ができるようになるわけではない。しかし少人数での指導を工夫して取り組めば子どもの学習をより確かなものにしてやれよう。創意工夫をいかせる時間がほしいと切実に思う。

一斉学習のなかでは個別に丁寧に指導してやりにくい。また十分に習得している子どもにとっては退屈な時間にさせてしまう。この試みは一定期間のものではあったが、子どもにとって楽しみな時間となったようだ。コースの自由選択、移動も可能ということで、友だちをあまり意識しないで自分に引け目も感じないで進めることができたようである。

教師集団にとっても子どものやる気を引き出してやり、手応えのある指導となった。効果が上がったというのは、それまでにそれぞれの学級担任の学級づくりが基礎となっており、教師集団の力を合わせて事をなす協働があったからである。

教材研究

最後に、一見唐突のようであるが「教材研究」を考えてみたい。

主役である子どもとそれを支える教育組織が融合一体化して子どもを学びへと導き、学び合う共同体(1)を実現して、はじめて教育の成果を得ることができる、このことはすでに述べてきたとおりである。その直接の機会はなんといっても授業であり、授業は子どもが「勉強することはたのしい」と実感することによって成立する。子どもは、考え、調べ、熱中して授業に入り込んでいくことによってそういう実感に浸ることができる。授業について、有田和正先生は「追究の鬼を育てる」「ネタ開発を(2)」といわれ、また林竹二先生は「子どもが変わる」のでなければ授業ではないといわれる。そのために、「知識の吟味」[3]つまり教材研究が徹底的に為されている。

すぐれた教材研究とそれに基づく授業は、特別に能力のある人でなければ不可能というわけではなく、教師ならだれでも可能なのである。その普通の教師が、授業を、そして自分自身を変革していった軌跡が『授業を追求するということ』[4]に納められている。そこに書かれている事柄に共鳴しつつ、自己反省も込めて、教材研究のとらえ方を整理しておきたい。手応えのある授業をと思いながらそうはできないのは、指導技術のこともあろうが、それ以前の教材研究が表層的なものに留まっていることもあろう。授業や教材研究についてはすでに多方面で論じられていることもあって、本書ではここまで特にふれなかったが、現場では目の前のことに追われて本質を忘れかねないので、重複になるが述べておきたい。

教材研究のとらえ方

（一）素材を自分のものにする

まず自分自身が素材に惚れ込んでいること。本や資料を読み、詳しく調べ、実地に足を運んで、見て、聞いて、自分のものとしていること。これが子どもからどんな質問がきても答えることができる自信にもなる。

（二）調べたことを捨てる

素材を教材化するにあたっては、たくさん調べたことを捨てること。どれを取り上げて どれを捨てるか、選択するということは、多くのものを捨てなければならない。本当に必要なもの、大事なものは極めて少ないもの。捨てなかったら、ついつい子どもに教えたくなり、焦点の合わない散漫な授業になってしまう。

(三) 教材の解釈

あれもこれも必要なことだと思っているのは、まだ教材の核心がつかめていないことに他ならない。同僚など他の人の意見を聞いて教材の解釈を深める。限られた時間の授業で子どもに学ばせたいことは、教材の解釈によって整理、焦点化できる。

(四) 授業の導入

どうやって子どもを授業にひっぱり込んでいくか。目先の安易な興味付けではなく、授業の核心、教材の核心に対等するものが導入にほしい。一年生、六年生だからは関係ない。どんな子どもでも物事の本質は感じとることができるものだ。導入は決め手である。

(五) 展開

知識を発表し合って多様な発言が交わされる。そういう一見活発な授業は表面的なこと。知っている知識や経験をもとにして、子どもが自分自身に問いかけ、考えることができるようにしてやること。ひとつの答えを求めるのではない。「なぜそんなことがあったのか」「もし自分だったら」「どうしてこうなったのだろう」と子どもが様々に思考を深めていけるように発問を組み立てる。子どもの何をさぐろうとしているかが展開となる。

教師主導ではなく学習の主体は子どもである、と納得理解しているつもりでも、なかなかそういう授業はできないものだ。でも年にたった一度でも、徹底的に子どもの学びとなる授業を創造したいものだ。その授業へ取り組んだことが教師自身の殻をほんの少し破って何かをつかみ、次へ進むことになっているはずである。

子どもをみながら教師も一緒に考え、言葉をさがす。ここで子どもを観察するのは参観者の目。授業者自身は子どもとともに授業に入り込んでいけばよい。追求していくことの楽しさを、子どもも教師もともに味わうことが大事である。

ふだんの全教科の授業は、教師主導も知識注入も体験活動も、と多種多様な指導方法で行う必要がある。数ある実践事例のなかから自分に納得できるものを、真似をしてあれこれやってみる。名高い実践者のものであっても結局未完成のうちに自分流にアレンジされている。そうやって自分流をいろいろ模索していくこと。自分流を鍛えていくための参考の何がしかになればと記しておきたい。

注

（1）佐伯　胖・藤田英典・佐藤　学編著『シリーズ学びと文化』全六巻
第一巻『学びへの誘い』　東京大学出版会　1995
第二巻『言葉という絆』　東京大学出版会　1995
第三巻『科学する文化』　東京大学出版会　1995
第四巻『共生する社会』　東京大学出版会　1995
第五巻『表現者として育つ』　東京大学出版会　1995
第六巻『学び合う共同体』　東京大学出版会　1996

（2）有田和正『教材開発に必要な基礎技術』指導力アップ術⑦　明治図書　2003
有田和正『「追求の鬼」を育てる』教育新書　明治図書　1989
有田和正『学習技能を鍛えて「追究の鬼」を育てる』指導力アップ術④　明治図書　2003
初期の本は「追求」となっているが、近年は「追究」。現場でも「追究」とすることが多いが、私自身は「追求」のほうが肩肘張らず自然な感じがする。

（3）林　竹二『授業　人間について』国土社　1981　pp.187-196　本書は林先生の小学校での授業実践の初期の本で、ソクラテスのドクサということが説明されている。それは「授業の核心は、子どもに常識的な低いものの見方を破らせることにある」ということである。

（4）林　竹二・伊藤功一『授業を追求するということ――城南小におこったこと』国土社　1990　精神親（本書p.204参照）からこんな授業をしている学長さんがおいでだと林先生の著書（『教えるということ』国土新書　1980）が送られてきたことがあった。三〇代終りの頃のそのときはこんな授業はできるものじゃない、と拒否反応だった。しかし「教えるという教師の仕事は、授業を通じて子供が一つの事を学んだときにはじめて終結する営みなのである」

（p.206）という言葉が、その後ずっと心にひっかかってきたように思う。

5 保護者とかかわる

教師は子どもとだけつながっていればよいのではない。子どもの保護者とつながっていかなければならない。子どもがやる気を持続させたり、頑張ったりするのには家庭の力がどうしても必要である。学校だけでは教育はできない。教師と保護者とが信頼関係でつながっていかなければならない。

保護者とのかかわり

学校からの電話は親にとってはドキンとすることだとしばしば聞いた。何かあったということはたいていよくないことだからだ。だから保護者に連絡するのはよいことも心掛けるようにする。そのときには子どもの生活ノートを活用する。「○さんは今日○○ということがあって、終わりの会でみんなから拍手されました。お家でも褒めてあげてください」といった走り書きをする。宿題をやってこない、忘れ物をする、などのことを知らせてもあまり効果は期待できない。

ところで先の学級で友だちの本がなくなった（85ページ）というときのこと。みんなに謝ったAの保護者には連絡をしなかった。本の持ち主のTの保護者には電話をして「今探しております」「本がありました。詳しくはTさんがお家で話してくれると思います」などと伝えた。その後学級通信『日記から』を出した。この学級通信を毎回多くの保護者が目にしておられた。「学校のことはあまり話してくれないけれど『日記から』でよくわかります」「名前が匿名であっても、わが子のは直ぐにわかります」などと言われて、びっくりした。Aはこの出来事を家で話さなかった。それで構わないと思った。今回の出来事はAにとってはとてもつらかったであろうが、みんなの前で自分の気もちを話した。それでみんなもAに対して同情ではなく、彼の勇気に感じ入り、自分自身の心をみつめることができた。

参観日

担任している子どものことを熟知している、という自負を担任はもっている。ベテランになればなるほど、子どもを理解する能力を身につける。だから、子どもに対して、厳しく接したり、多少ハードな課題を与えたりして育てていく。子どもも先生の期待に応えて課題をクリアしていこうと努力をするようになる。そういう指導のなかで子どもの能力や理解のしかたなどを把握して、授業中の発言へのよみができるようになる。「この子はわかっている子だから当然できる」と自信をもって言ったことがある。それは間違ってはいないと確信していたのだが――。

五年生から六年生に持ち上がって間もない参観日のことだった。教室の後ろには二〇数名の保護者の姿があった。授業は、算数の文章題を解く計算式を考えるものであった。二、三人が黒板のところに出て説明をした。

「まだ他の考え方をした人はありませんか」

ややあって私は、

「Yさん、どうぞ」

と、手を挙げてはいなかったけれど指名した。

「あなたならできるね」

Yさんはちょっと困ったような顔をしたが黒板の前に立った。静まり返った教室内でみんなは彼女に注目した。黒板に向かった手はチョークを持たないまま、彼女はうなだれた。おや、と私は彼女のところへいき、両肩に手を置いて席に帰るように促した。彼女は泣いていた。その後授業を進行させていった。その日は懇談会はなく、一時間の授業参観だけであった。

放課後になって私を呼び出す放送があった。職員室に向かうと廊下にYさんの両親の姿があった。教室か会議室へと言ったがここでいいとのことで、立ったままで話を伺う。

今日の授業中のことが腑に落ちない。子どもは手を挙げていなかったのに、先生は指名して前に出させた、という父親の言葉だった。

「Yさんは、あのくらいの問題は十分できる子です。当然できる子だから指名したのです」

「あの問題は娘には難しい。現にわからなかった。みんなの前で泣いてしまったではないか」

Yさんはできる子です。いつもなら当然できる。私は彼女の算数の力をよく知っている。そういう意味のことを繰り返した。両親は釈然としない表情のまま帰っていかれた。

私も釈然としなかった。授業だから、手を挙げた子しか当てないということはない。指名されても「わかりません」と返せばいいし、そういうルールのなかで授業を進めてきたはずだった。自分は間違ってはいないという思いが強くあった。彼女は明るく勉強もできる子であったし、その後教育委員会主催の行事に学校代表として出場してスピーチもした。両親とも以後もわだかまりなくかかわっていき、この出来事はそのうち意識から消えてしまった。しかし、消えてしまったはずのことが蘇ってくる。

あのとき担任としてYさんのことを熟知していると自信をもっていた。何を熟知していたのだろうか。どのように理解していたのであろうか。文章題の別の考えを言えず、黒板の前で立ち往生してしまったという事実は、彼女の算数の力の中身を担任として正しく認識していなかった、ということにほかならないではないか。いや、手を挙げないでいたのは、それなりの理由があったのかもしれない。そういう、子どもの状況を全く理解していなかった。

たくさんの保護者が見ておられるところで両親にとってはいたたまれない気もちであったであろう。彼女も自分のぶざまな姿を両親に見せてしまって情けなかったことであろう。ベテランの教師の過信の罪を思う。

受験生

受験生の親は子どもとともに一所懸命である。親としての思いも複雑に揺れ動く。

中学校を受験する子どもたちがクラスの中に三分の一以上いた。AとBの二校を受けるN子の母親からこう言われた。

「うちの子がB校を受けることは誰にも言わないでください。特にE子には知られたくないので」

「わかりました」と返事をしたがなんとなく不可解だった。どうせ、受験日には必ず出会うことになる。それを言うと、当日はなんとかなるとのこと。

その頃は受験希望者の書類は学校からまとめて提出していたので、受験番号も連番のはずだ。それに、クラスの中で二人は別にライバルとはみえなかったし、受験する子は誰もが二校以上受験していた。N子はA校とB校を受験し、E子はB校とC校を受験した。結果は、N子はA校B校とも合格し、E子はB校が不合格、C校合格であった。合格発表のあった日の夕方、E子の母親からの電話を受けて家に行った。母親は泣きながら言った。

「先生はなぜ、N子がB校を受験することを言ってくれなかったのか。うちの子は受験の日にN子がきていることにびっくりした。とても動揺してテストがうまくできなかったと言っていた。案の定できなかった。自分もN子の姿を見てびっくりしていたら、N子の母親は「おや、珍しい所で」と言った。そんなセリフはないだろう。B校には姉が通っているので、その制服を毎日見ており自分もB校にいくんだと思ってきたのに。E子はさっきからずっと泣いている」

私はなんと言ってよいのかわからずに、ただ黙ってお行儀をしていた。すみませんでしたと言えばいいのか、残念でしたねと言えばいいのか。私はN子の母親から黙っていてほしいと言われて、ただそうしただけなのに、何がいけなかったのかわからなかった。しばらくして母親は顔に押し当てていたハンドタオルを離して言った。

「呼び立ててすみませんでした」

「いえ、こちらこそ……失礼しました」

と気まずいまま立ち上がった。

幸いE子は翌日学校を休むことなく、友だちの中にいていつも通りの笑顔で賑やかにしていたのでほっとした。憧れていた姉と同じ制服を着ることができずに、どんな思いだろうかと彼女の顔を時々見ていた。彼女はC校に進学していった。N子はA校に進学した。N子が

B校を受験しなかったら、E子は合格したか。そういうものでもないだろう。教師五年目の初めての受験生の担任だった。

受験の結果は担任ひとりを非難してもどうしようもないこと。しかし受験当日のショックさえなければの思いも当然ある。憤懣やるかたない気もちをぶつけずにはいられない。それは、子どもに代わってできる親の正直な行為であっただろう。

ずっと後のこと、校長室に思いがけない電話を受けた。三〇歳半ばになるというE子からだった。TVのニュースで私の勤務校のことをみたので、懐かしくてとのこと。自分が先生に担任していただいた頃と同じ年齢の娘がいて、受験勉強に悩まされている。PTAの役員もしていると、六年生のときとそっくりの活発な声が響いてきた。その後、花柄の便箋の手紙も届いた。私はE子にやっと許されたような気が、なんとなくした。

受験の季節になるとこのときのことを思い起こし、子どもたちと約束をした。
「受験するのに、こそこそしないで堂々と行ってきてほしい。みんなもがんばってね、と送ってあげよう。ただ、そっとしておいてほしい人は、黙って行っておいで」

転勤していった学校では、クラスの半数以上が受験するというので驚いた。どうみても受かりそうにない子や、家は経済的に苦しいはずの子も塾に行っているのが大勢いた。同僚から思いがけないことを聞かされた。ここの子どもたちは見栄で受験する子が多い。受かるはずはないが、自分もその学校を受験したのだ、ということのために受験するのだと。

なんと不純な、と腹が立った。なんのための見栄なのか。いま受験しなくても、いずれ三年後には高校を目指して誰もが受験しなければならない。力試しをしたいというのを止めはしない、受験したい人は受けたらいい。私学へ行きたい人はがんばれ、応援する。子どもたちにそう話したら、受験者は三分の一以下になった。

学校評価

学級担任は学級の子どもを通してそれぞれの保護者とかかわって、子どもが学習活動に励むようにと指導していく。そういう個々の担任の働きは担任個人の教育活動だけでなく、学校という組織が機能していてこそのことである。

そこで、学校全体の教育活動に関して、保護者からの評価を得ることは大事なことである。平成一四年に初めて保護者による学校評価を実施した。内容は大きくふたつで「学習活動」と「開かれた学校」についてである。学習活動については、子どもは楽しく学校に通っているると思うか、各教科の学習が適切に行われていると思うか、宿題は適切に出され処理されているると思うか、など一三項目。開かれた学校については、学校の情報が何によってわかるか

（学校だより、学校HP、PTAだより他）、授業参観の回数、教職員とのコミュニケーションなど一三項目による設問。

総児童数五八七名中の回答数は四一一名で七〇％の回答率。世帯数からみると九三％であった。結果を全体からみると、アそう思う、イどちらかというとそう思うという肯定的な評価が六〇～七〇％で、項目によっては八〇％を超えているものもあった。細かくみると学年によって差があったり、アそう思うよりも、イどちらかというとそう思うの消極的な肯定が多い。開かれた学校に関しては、バラツキが大きく、オわからないというのが顕著に表れている項目もあった。これは設問のまずさもあろう。

回答率の高さや肯定的な評価は、保護者の学校に対する期待である。子どもの教育をしっかりやってほしいと学校に一〇〇％期待しつつ、一〇〇％を求めてはいない。先生だって人間だから一〇〇％できるわけはない、日々子どもが元気で学校に通っている、さして大きな不平不満もない、まずよいほうだろう、という好意的解釈につながっているのではないか。ある意味で保護者は客観的、冷静に受けとめての評価といえよう。

当時、保護者による学校評価はモデルになるようなものはなく、独自に作成した手探りの状態であった。一般社会ではとっくに当たり前の評価であるにもかかわらず、小学校の現場では外部から評価されることに不慣れで、まず教職員の意識改革からとりかからねばならなかった。保護者は担任に対していろいろ思うことがあっても、面と向かってはだれもきついことは言われない。保護者の思いの一端を学校という組織体で受けとめる必要があった。実施して保護者からどのような評価が返されるのか戦々恐々の思いもあった。厳しい評価でなくてホッとしたというのも正直な心情であった。そこに浸っていては何の改善策もみえない。なにより保護者と手を携えて、子どもの教育をしていくという大儀が成り立たない。外部からの学校評価は子どもの教育に適切に反映されなければせっかくの実施が無駄になる。

学校の状況や課題などについてたえず新鮮な評価を得て、子どもの教育に返していけるものでありたい。

6　評価という仕事

評価は、子どもに学力をつけて伸ばしていくために行うものである。評価結果からひとりひとりの学習の状況を把握するとともに、授業の効果や方法について課題を検討し、その後の指導に役立てていくようにする。子どもを選別したり学級のなかで順位をつけるのが目的では決してない。にもかかわらず評価はそのような誤解を招きやすく、子どものために評価結果を生かしきれない。未完成な教師が限られた状況のなかで客観的で公正な評価をすることがどこまで可能なのか。評価は教師にとって多難な仕事である。

評価の不完全性

子どもの学習についての評価は、学習プロセスのどの時点で行うかによって目標や方法も異なり、診断的、形成的、総括的などに区分される。(1)以下は、主として総括的評価にかかわって述べていく。

近年、評価の方法については理論的研究(2-6)が進み、また各学校現場でも実践研究が深まってきているけれども、まだ課題を多く抱えている。子どもの能力を引き出し伸ばしてやるために、子どものみならず、子どもを取巻く地域社会や保護者の状況を考慮するなど、より多くの側面や観点からの評価が実施されることもある。しかしどのようにやってもその反面の課題は残る。完全な評価はできないものである。

その理由は多々あろうが、ひとつには子どもをどの時点でみるかによって違いがあることが挙げられる。発達の過程にある子どもは日々様々に変容する。意欲をもつことも失うことも起こる。その瞬間瞬間で子どもの様子は大きく異なってみえるものである。

もうひとつは、評価項目によっては客観的な数値評価がしにくいものがあること。知識理解や技能・表現などは数値で評価することが可能であるが、関心・意欲・態度などは直接数値には表せない。にもかかわらず教科の評価は観点別の「知識理解・技能」「思考判断・表現」「関心・意欲・態度」などについて総合的に判断して行わなくてはならない。高度な数量化理論を駆使しない限り数値化ができにくいなど、評価することの困難さがある。

このように、評価には教師の能力に帰してしまえない、本質的に解決できないものが残っており、評価結果は当然不完全なものになってしまう。教師はそのことを自分の未熟さとして悩むばかりでなく、不完全さを少しでも克服していくために、具体的な手法を習得する必要があろう。あたりまえのことであるが記しておきたい。

(1) 複眼的にみる

担任ひとりが子どもをみるのは偏りや限界がある。専科、教科担任、学年、その他の人から日常的ななかでの子どもの情報を得ること。そういう複眼的な視点で子どもをみることが必要である。しかし小学校六年間という長い期間を考えれば、学校組織は自ずと複眼的視点をもっている。担任は自分の目で、自分の主観で、子どもを評価することを躊躇しないでよいのである。

（2）多様な場面でみる　学習場面、掃除、遊びなど学校生活のなかのいろいろな場面での子どもの様子や、学校外での活動などについても把握すること。学習の場面でも学習活動の違いによって子どもの行動のしかたは異なってくる。多様な場面での子どもの姿を幅広く受けとめるようにする。

（3）洞察力を働かせる　関心意欲のように数値化できにくいものは、直接数値にしようとするのではなく、数値にしないで子どものよさや行動の意味を考える。例えば、花を見て、子どもはそれぞれ様々に反応する。手で触る、匂いをかぐ、きれいねえと感嘆の声を発する、絵に描きたいと言う、花の名前を問う、などそれぞれがその子の個性であり、よさである。そういうひとりひとりの所作をみて受けとめること。

担任はふだんから子どもをみることによって洞察力が磨かれてくる。それによって子どもの内面や個性を読み取り、どういう能力を伸ばしてやれるかがみえてくる。それがみえてきたとき、自分の目で、自分の主観で、子どもを評価することが可能となるのであろう。

評価に関する課題は、今後もすっきりと解決することは無いであろう。評価の不完全性を理解したうえで、その不完全性のなかで、これからも試行錯誤を重ねていくことである。可能な限り手を尽くして指導をし評価をして、そしてあとは子どもが自力で伸びていくことを信じ、祈る。最後に教師に許されることは、それしかないのかもしれない。

子どもの意欲

評価を行う時期になると学級担任は悩む。それは、できない子どもをなんとか救ってやりたい、少しでもプラスに評価してやってやる気をもたせてやりたいと思うからである。しかし、そういう子に限って現実の日常生活では、テストの点数はよくないし、注意しても忘れ物はなくならないし、宿題も仕上げない。せめて関心をもって見学に臨んだり図工のとき集中していた、などのことがあれば「関心・意欲・態度」の欄を「努力を要する」ではなく「ふつう」としてやることができる。切ない思いをもって評価に苦慮する。

常日頃勉強に熱心でない子でもやはり通信簿に「よい」がどれだけあるかと気になるものだ。ことごとく「努力しよう」の通信簿を手にした子が、がっくりするなら、それこそ脈がある。どこがどう足りなかったのか、これからどのように直していけばよいのかを教えてやることができる。叱咤激励してがんばらせていく手立てを探して指導していくこともできる。

子どもの学習は子ども自身の内面的な活動によってこそ習得されるし、習得したことが態度化され定着していくものだ。子どもの内面的な活動だからと子どもの責任に返されるということではない。子どもに学習の準備を促したり興味関心を引き起こす手立てをはかり、意欲を持続させるようにしていく。教師は子どもの内面的な活動がなされるように指導方法を工夫していかねばならない。

評価によって、子どもには自分の学習状況をわかり、これからの改善点の自覚をもたせる。保護者にとっては子どもの状況を知り家庭での学習を子どもに促すきっかけとする評価である。

保護者からしばしばいわれるセリフがある。

「できる子や活発なお子さんばかりだと、先生は教えやすいでしょうねえ。そういうお子さんは先生の目にもよくとまって羨ましいです」

確かに参観日に活発な意見が交わされる授業は活気があって楽しい。しかしそれはハレの日に目に映ること。授業の活性度は質との関連でみなければいけない。

ふだんの学級生活ではできる子、できない子はそれなりに教師の目に入っている。「先生、先生」とよく声を掛けてくる子どもは、教師が放っておいても子どもの方からやってくる。また配慮を必要とする子には常に意識が向く。気をつけなければならないのは、そこそこ自分でなんでもできる子のことである。発言はなくても勉強はわかっているし、行動もちゃんとできる。そういう子に対しては安心してしまい見落とすことがあるかもしれない。そのためにも学習ノートのまとめや日記を書くなどで子どもの思いを汲み取っていくようにしなければいけない。

オール1先生

ところが、教師が準備万端整えて子どもに対峙したとしても、どうしても響かない子どもがいたら、いったいどうしたらいいのだろう。『オール1の落ちこぼれ、教師になる』(7) を読んで考え込んでしまった。概略すると次のような内容である。

——中学校の評価がオール1だった宮本延春さんは、小学校低学年のときいじめにあい、勉強嫌い、学校嫌いになり、中学校にいっても漢字は自分の名前だけしか書けず、英語は単語の book だけ。中学を卒業して見習い大工になり、その後父母とも亡くなり、一八歳で天涯孤独になる。二三歳のときにビデオでアインシュタイン博士との出会いがあって勉強を始め、高校、大学、大学院と進学し、母校の高校の先生になった。

オール1の子が先生になったという驚きではなく、子どもを評価するということについて考えさせられた。単純なことではないと改めて気づかされた。小学生の延春くんは「もともと無口で気が弱く体も小さい上に、家の引越しで転校を繰り返していたので、行く先、行く先の学校で、恰好のいじめの対象」にされた。女の子にビンタすると脅されても言い返せない。いつも校舎の裏で膝を抱えて泣いていた。勉強嫌い学校嫌いになった原因のひとつが友だちの「いじめ」だったとある。担任は、どんな学級づくりをしていたのだろうか。仲間意識を育てるためにどのような手立てで取り組んでいたのであろうか。きっと放置していたわけではないだろうに。

中学校の成績がオール1であっても「どうせ、僕は頭が悪いのだ」と開き直っており、数人から「お前は学校で一番のバカだ」と何度となく言われるたびに、自分自身もそれが当り前になってしまった。学校で自分の置かれている場を当たり前のこととして身になじませていった延春くん。おとなしく、覇気のない子だとずっと先生からも友だちからもみられていたのだ。自分自身でも、よし、今にみておれ！　ということもなかった。

私が延春くんの担任だったら、果たして彼のことをきちんとみてやり、意欲づけてやれただろうか。何をやらしても意欲をもたない子、そう評価していたのではないか。現に延春くんはそういう子だった。延春くんも、自分のことをどうせバカだと自覚していたのだ。何をしたって無駄だと自分を見捨てて落ちこぼれの気もちを強くしていた子。こういう子に対して担任はどうやって働きかけていくことができるのだろう。

子どもをひたすらみる。この子はどんなことに対して心を動かすのだろうか、そばにいっては、こうやってごらん、こうやってみようよと声を掛ける。焦らず、見捨てることなく見守り、手立てをさがして悩む。それが教師の仕事であろう。

その挙句の評価は、指導に努力したうえでのありのままの今を見極める作業である。こういう作業があって、指導法を反省し、今後の手立てを考えることもできる。もし、「1」よりもよい評価を温情で与えるようなことをしても、その子に決してプラスにはならない。駄目なものは駄目、とはっきり評価して、今後の指導を考えていく。宮本延春先生も「ただの温情は決してその生徒の人生のプラスにはなりません(8)」と言われる通り、評価するとはそういうことである。

評価の姿勢について二点述べておきたい。

まず、子ども自身の伸びる力を信じること。延春くんのようにどこでやる気が起こるかわからない。彼は大人になってアインシュタインのビデオをみて突然数学がわかるようになりたいとスイッチが入った。無気力な子どもはまだ学習の受け入れ状態になっていないだけなのだ、いつかはきっとわかるようになる。それがいつかはわからないが信じる。子どもに「そのうちわかるよ」と言うのは、あなたはわからないからしなくていい、と宙ぶらりんに放り出してしまうことになる。だから「どれをつかんでいいのかわからないほど、目の前に何かがいっぱい広がっているのだろうねえ」と受けとめる。それは駄目だと否定するのではなく将来の可能性を信じ認めるという態度である。

もうひとつは、教師としてせいいっぱい今を教えているという自負をもつこと。自己満足ではない。子どもがわかるかどうかは内的な活動である。それに対しての手立てを尽くした、そういう指導に対しての責任である。子どもに内在しているものをみようとするところに苦悩や喜びがあり、教師としての自負がある。

しかし、指導も評価も完璧なものではない。一〇人の子どもがいれば一〇通りの指導法が必要であるように、評価方法も多様にありいずれが完璧な評価が行えるかというものではない。

それぞれの教師が目の前の子どもをみながら苦悩しつつ子どもとともに歩んでいくことでしかない。

評定「1」の悲哀

評価は子どもの学力を伸ばすためのものである。新しい学習指導要領の目指す学力の三要素は、「基礎的・基本的な知識・技能」、「思考力、判断力、表現力」、「主体的に学習に取り組む態度」である。関心・意欲・態度は学力のひとつであり、意欲を高める、よい点を褒め、改善していく点を指摘し、励ましていくという個人内評価も重視されるようになった。

学習状況が普通に達成されている子ならば、あともう少しこうすればと努力すべき点もみえる。しかし、出来のよくない子については、この子にとって何が一番大事なのか、どこから手をつけていったらよいのかがみえにくい。なにもかもできない、そういう子が一年生のNくんだった。

言葉をきちんと発しにくく、いつも口を少し開けてよだれをたらし鼻水も出している、おしっこやウンチを漏らすこともたびたびだった。一学期には何を問いかけても聞こえないかのように無反応だったのが、二学期になると「センセー」と言ってノートをみせにくるようになった。しかし文字ではなく記号のようなものが升目の中に並んでいるだけだった。授業中もたびたびそばにいっては指示してやっていた。彼はみんなと同じようにはいかなかったが、少しずつできるようになり成長していった。でも評価は上がらない。他の子たちもそれぞれに成長しているのである。学期末に渡された通信簿をみて彼はどんな気がしていたのだろう。成績については何の感慨ももたなかったのか。忘れ物がしばしばだったのも、家では母親が下の乳飲み子の面倒に手を取られて、彼のことには構ってやれないと言っていた。でも参観日にはねんねこに乳飲み子を背負った姿があった。彼とよく似た細い目の色白のおとなしそうな顔が教室の後ろに見えた。

小学校一年生の全ての教科を「1」としか評価してやらなかったNくん。あの時点では確かにその通りだった。間違った評価ではない。子どもを評価するというのは、その時点でのありのままを切り取って見極める作業である。しかし低学年のように、昨日出来なかったのが今日できるようになるということは多くあり、発達途上のどこを切り取るかで評価は異なってくる。しかし評価時点を定めて観察しなければ適正な評価になりえない。個人内評価となると指導のスタート時点での評価もきちんとしておかなければ、指導後の評価が適切なものにならない。

その時点での子どもをきちんと評価することは、教師が責任をもってみたということである。それは自分が指導したことに対する責任である。一所懸命に教えてここまでしか伸ばしてやれなかったという自責とともに、次の学年ではどうか伸びてくれよと祈る気もちでの評価を行っていく。その後Nくんはどうなったであろうか。オール1の先生のようにどこかでスイッチが入っていってほしい。いや、きっと入っているはずだ。

注

（1）辰野千尋『改訂増補　学習評価基本ハンドブック――指導と評価の一体化を目指して――』図書文化社　2002　p.12 ①診断的評価――子どもに適した指導を行うために、指導前に子どもの特性を調べたり、指導の過程で授業に適応できない者の原因を調べたりする評価。②形成的評価――指導の過程において達成状況を調べる評価。③総括的評価――単元終了時や、学期末、学年末に行うまとめの評価。なお評価に関する用語については、森　敏昭・秋田喜代美編『教育評価重要用語３００の基礎知識』明治図書　2000　を参照。

（2）東　洋『子どもの能力と教育評価［第２版］』東京大学出版会 2001 子どもをどうみるか、子ども理解のための評価という視点での理論。

（3）梶田叡一『教育における評価の理論Ⅰ　学力観・評価観の転換』金子書房　1995

（4）梶田叡一『教育における評価の理論Ⅱ　学校学習とブルーム理論』金子書房　1994　（3）（4）は教育評価についての基礎的理論である。筆者にとっては初めて学校評価を実施する際に重要な参考文献となったものである。

（5）梶田叡一『教育評価［第２版］』有非閣双書　1999　教育評価の理論と学校、授業の分析、評価などの具体化に向けてコンパクトに整理してある。

（6）無藤　隆他編『新しい指導要録とこれからの評価』ぎょうせい　2010　平成二十二年改訂の学習指導要録と評価について中央教育審議会の委員等の執筆で要点をまとめて解説してある。

（7）宮本延春『オール１の落ちこぼれ、教師になる』角川書店　2006

（8）前掲書（7）p.182

Ⅲ　他者関係を育てる

ここでは教師の仕事を、他者関係を育てるという側面から眺めてみようとしている。人間に限らず、自己とは異なる存在をひろく「他者」とよび、子どもが自己中心の世界から、他者とのかかわりによって次第に世界観をひろげていく過程に着目する。

他者との関係は、他者を知る、他者に共感する、他者との距離感覚をもつ、他者とかかわるなどがある。このような他者関係は見方を変えるとそっくり自己の世界観の形成ということになる。自己意識、自己概念の深化と結びつく。他者を知る＝他者とともに自己を相対化する、他者に共感する＝他者と共通する自己を理解する、他者との距離感覚＝他者と自己の違いを理解し認め合う、他者とかかわる＝他者との理解を深めた態度・行動ができる。それはつまり他者によって自己自身が変化し発達していくことである。

子どもが小学校でかかわる他者には、小動物の飼育や自然の観察などのように幅広いものが含まれるけれども、多くは人とのかかわりである。友だちや上・下級生、担任の先生などと様々な触れ合いを通して、いわゆる「人間関係」が育てられる。将来、社会生活を送るために他者との関係を結んで拡張・深化していく人間関係の基礎が築かれる。学校という組織体の、時空間的に限られ、外部から守られたなかで、教師と子ども、あるいは子どもと子どもがお互いに影響を与え合いながら、体験的に人間関係が形成される。この人間関係の成立過程での相互作用がどのように営まれているのかをたどってみたい。

1　他者を知る

自分探し

友だちと賑やかに喋り、明るく活発な高学年のTさん。彼女とバス停で出会ったときに、「あなたは友だちが多いんだね」と言うと、「なかよしは学校だけ」と半ば吐き捨てるように返ってきた。「家に帰ったら、全然別の子と電話で三〇分くらい話している」と。「しんどいね。中学にいったら自分のままがだせるようになるといいね」と別れた。

友だちとなかよくしていても本心はなかよしではない。自分の心をあかさずに友だちごっこを演じている。子どもは友だちがほしいと言う。自分のことをわかってくれる友だちがほしい。学校で友だちとつながっていなかったら不安で、弧立を怖れる。だからつながるための友だちごっこを演じることになる。友だちを求めるというのは、結局自分のため、ということでしかない。友だち探しは自分探しと同じことである。(1)

自分のことをわかってほしいといいつつ、ほんとうの自分もよくはわからないのである。だからますます不安定になってしまう。ほんとうの自分といっても、いろいろな自分がある。

賑やかに騒ぐ、静かに本を読む、短気なときものんびりと気にしないときも、など自分の言動にはいろいろな自分が表現されている。パーソナリティは多様である。(2) 他人から自分の性格を指摘されてああそうか、と初めてわかることもある。自分では気長だと思っていても案外人からはそのようには見られていないこともある。時と場合によっていろいろな性格が表出されている。いろんな場面にいろんな自分がいて、それらを統合されたものが自分の人格。だから様々なことを経験して自分が最も心地よいと思う自分の行動のしかたをつくっていく。友だちとの多様なかかわりはそういう関係性のなかにある。

やさしさの両義性

子どもが社会化により多様に対応していくことができるようになるのは、その子どものパーソナリティ（性格・人格）も多様に表出されてくることである。

一年生のたっちゃんはやさしい子だった。給食のときに「ぼく持ってあげるよ」と重いものを率先して持つ。泣いている子には「泣いちゃだめだよ」と頭をなでてやった。そのたっちゃんが残酷なことをした。運動場の隅でみつけた蟻の行列をさんざん踏み潰したことがあって子どもたちが非難した。他にも、友だちがつかまえた蝶を「見せて」と手にとって、しばらくしたら羽根を両手で引っ張ってちぎりポイと投げ捨てた。彼を取り囲んだ友だちを

「ふん」と言って睨みつけたと子どもたちは騒いだ。

なぜそんなことをするのか、理由は心理学的に探ることもできよう。ここでは彼の事実をみると、彼にとっては友だちにやさしくすることも蟻や蝶を殺すことも両方の心情が自分のものである。人を思いやることや小さなものの命を慈しむことの「やさしさ」の統合がまだできていないのである。「やさしさ」はその反対の残酷さもわかって、やさしくするということがわかる。彼は蟻や蝶に残酷な行為をするのを誇示することによって、友だちに非難されてどういうのがやさしくないということなのかを理解することになる。

友だちの中にいるからこそ自分のなかの両義性の行為を発揮することができた。担任は他の場面でのたっちゃんの行動を見守り、相手や物に対してやさしさのある言動を褒めて、やさしさのプラスの表出を助長してやるようにする。また生物の科学的理解や命をみつめる学習なども重要なことである。学校生活の友だちとのかかわりのなかで自分を出し合って子どもは学んでいくことができる。そういう子どもたちの経験を学びとなるように指導する。それが教師の子どもをみる目である。

障害のある人とのかかわり

家の前の側溝から雑草が茫々と立ち上がっていた。鉄格子の蓋は固くて外すことはできず、いつか除草剤を買ってこようと気にかかりつつ放っていた。ある日草がなくなっていて驚いた。近所のHさんから、ワークショップのワーカーさん方が時折道路のゴミ拾いをしておられると聞いて、お礼を言いに行った。「お世話になっているご近所ですから掃除は当たり前のことです」と所長さんは言われた。小学校から一〇〇メートルあまりのところにある知的障害者の作業所、NPO法人「ワークショップ西風舎」。約二〇名の二〇～六〇歳代のワーカーさん方の仕事は、菓子箱折り、金具の組み立て、リサイクル品回収などである。

六年生の子どもたちはここでワーカーさん方と一緒に作業するなどの福祉体験学習をさせてもらった。施設長のY先生からは、福祉や障害者などについての講話。子どもたちはこの学習をするまでは学校の直ぐそばにこういう施設があることを知らない。その後六年生がワーカーさん方を学校に招いて一緒に遊ぶ計画をした。小グループに分かれてカルタ、トランプ、ボール遊びなどをしたが、どのグループもさっぱりゲームにならなかった。「ぼくらばっかりカードを取ってしまう」とUくんは困惑した顔であった。話しかけても対話にはならない。ワーカーさん方にとってもしんどかったことであろう。でも終わりには整列して「ありがとうございました」と大きな声で挨拶をして帰られた。

他者と行動すると、思いがけないことや戸惑いが多々生じる。なにもできない自分を自覚する。それが他者を知り、他者のことを思いやるというきっかけになる。子どもたちにはいい学習になったであろう。

「社会福祉の理念は着実に実現に向かっている。しかし、現実にはまだまだ意識のバリアの課題が大きい」とY先生は言われる。いろいろな人がいて、ともに生きている社会、そういう当たり前のことを実感して行動できる子どもたちに育ってほしいと思う。

自分自身を知る

教師の姿勢は、終始一貫性をもって自分自身で意識しているものと無意識のものとが言動に表れて、子どもたちの眼に映っている。

六年生のKくんから「先生はひいきをしている」と言われたことがある。「えこひいき」ということを子どもたちは最も嫌う。そういうことはしないと自覚してやってきたつもりであった。それなのに「ぼくらはよくおこられる。なのに女子はあんまりおこられない」と言う。しかし宿題忘れは男子がほとんどであるし、休憩時間終わりのチャイムが鳴ってもぎりぎりまで遊んでバタバタと席に着くのも男子。「当然でしょう」と返したい言葉をぐっと飲み込んだ。教師がいくら正当性をもってやっていても、子どもにはそうは受けとめられていないのだ。

六年生にもなれば女子は男子よりも身体的にも精神的にも成長が進んでおり、要領よく振る舞うこともできる。だから女子の方をしっかりしている、物事をよく理解して行動できると、好意的に評価していたのではないか。そういうことに気づかされた。教師という仕事は子どもたちとの相互作用によって成り立つ。教師の人格が子どもたちの人格形成にも影響を与えることを自覚しなくてはいけない。

ロジャースは授業観のなかで、教師の役割の一つとして「教師は自分自身をよく知っていなくてはならない」と挙げている。[3]

自分を知るということの大事さはしばしばいわれる。しかし実際には自分自身のことはわからないものだ。特に性格は、自身で自覚していることと他者がみていることとは異なることもある。人の性格は見方や関係によって変動しうるものだからである。いずれにしても自分の性格でもって、子どもを指導して、評価をしている。自分がどのような枠組みや基準でもって子どもをみているのかを自覚することは大事である。

例えば自分に生真面目な性格が強くあるならば、時間を守ることを厳しく指導したり、嘘は絶対にいけないと頭ごなしに叱るなどしてしまう。自分では当然のことだと思っているから知らず知らず子どもたちを厳しくみているのかもしれない。自分の、子どもをみることや評価をする枠組みを柔軟に多様にしていく必要がある。そういうなかで、子どもや同僚などの他者から率直に指摘してもらえる人間関係を築いていくことを心がけたいものだ。[4]

注

（1）菅野　仁『ジンメル・つながりの哲学』ＮＨＫブックス　2003　菅野は、ほんとうの自分探しにこだわりすぎることにより、今の自分を否定的にしかとらえられなくなるという（p.90）。「自分探し」には多くの場合は「ほんとうの私」をほんとうにわかってくれる他者を求めることが同時に生じることが多いからだ。したがって「ほんとうの自分」探しと「ほんとうの自分」をわかってくれる他者探しとは表裏一体なのである（傍点は著者）。

（2）なだいなだ編著『〈こころ〉の定点観測』岩波新書　2001　pp.47-49　平松園枝はアサジオリの説くサイコシンセシスのとらえ方から、いろいろな自分・サブパーソナリティの概念を紹介している。「サイコシンセシスは、「自分が自分と思っている自分」は本当の自分のごく一部である、「真の自分」は無意味も含み、他者、世界ともつながるホリスティックな存在だ、ととらえます」…「状況により、特定の自分が無意識的、反射的に出てきて、それぞれに特徴的な感情、考え、心情、姿勢や態度、言葉遣いなどがあり、あたかも一つの人格のように振る舞うので、サイコシンセシスでは、これを「サブパーソナリティ」と呼びます」。人には職場、家庭での役割や状況によって、異なる面が表出しいくつもの自分があるといえる。性格も様々な面があり、それらを統合したものが人格である。なおホリスティックとは、脳・目・耳・心臓・胃・手足などがお互いに深く影響し合ってひとつの体をつくり上げていること（『現代用語の基礎知識』自由国民社　2009）。

（3）梶田叡一『子どもの自己概念と教育　増補』東京大学出版会　1997　p.129

（4）詫摩武俊監修『性格心理学ハンドブック』福村出版　1999　p.37「学力のみで児童・生徒を評価するのをやめ、多様な観点からひとりひとりの子どもたちの個性をとらえる」ことが新学力観として重視されるようになった。対人関係職では、自分が人をみている枠組みを自覚することが重要である。

2　他者との距離の取り方

子どもは友だちとのかかわりのなかで、社会的な人間関係のあり方をつかんでいく。喧嘩をし、笑い合い、情けない思いなどの経験をして、友だちの痛みにも共感することができるようになっていく。それはお互いの人間関係に改めて気づくことでもある。

社会的な人間関係を結ぶには、自分と他者との距離のとり方が重要なことである。自己を隠したままでは相手に受け入れられないだろうし、また相手のプライバシーにどこまでふれてもよいかといった「距離感覚」が必要である。これは「人間関係の本質に関わる概念」であることを、ジンメルの社交論をもとに菅野仁は述べている。(1)

私の対人関係の距離感覚という原型は子どもの頃の友人によってつくられた。それは当時の社会的環境のなかで育まれたものである。

Nさんのこと

小学校のとき、同学年に朝鮮人の子が何人かいた。朝鮮の名前であったり、日本の姓であったりした。そういうひとりのNさんは、運動がよくできた。走るのも速かったし、ドッジボールも強い球を受けとめて投げ返していた。彼女に近寄ると、ツンと刺激のある臭いがした。その臭いは好きでなかった。男子が「くせえ」と鼻をつまんで顔をしかめることもあった。それがニンニクの臭いだということはだいぶ後になって知った。彼女は粗末な服を着ていたが、クラスの中でのけ者になるということはなかった。鼻をつまんだ子の服も袖口は布がかすれて糸が下がったりしていた。私は姉のお下がりの何度も洗って模様も白っぽくなったものだし、セーターは糸を解いて編み直したものだった。どの子もたいていどこかが破れていたり、繕ってあるものを着ていた。

五年のとき、彼女の家に遊びに行った。細い路地を挟んで、豚小屋と長屋のような家とが向かい合って並んでいた。

窓辺に座ると外から、

「N子やあ、N子やあ」

と呼ぶ声がした。Nさんは立って行って、お菓子とみかんを載せたお盆を持ってきた。しばらく一緒に女の子の絵を描いたりして遊んだ。テーブルに顔を寄せていると、あの臭いがしたが、がまんしていた。帰りがけにお母さんが笑い顔で、残ったお菓子とみかんを全部持たせてくれた。

「またきてね」

「うん、またくるね」

と手を振ってさよならした。

　翌日学校の遊び時間に、何気なく私は遠くにいたNさんを、

「N子やあ、N子やあ」

と、あのお母さんの抑揚で呼んだ。彼女は走ってきて、

「ゆうちゃあいけん」

と手で私の口を押さえた。首を振ってその手を払いのけながら笑ってまた言った。

「N子やあ」

「だめっ！」

彼女は小さい私に負ぶいかぶさるようにして片方の手で私の首の後ろを押さえて、もう一方の手で口をふさいだ。とても強い力だった。私はもがいて両手で押しのけた。

「ゆうちゃ、いけんよ」

「もういわんけえ」

　あの臭いは全然感じなかった。

　その数日後のこと。給食が終わって校門付近を掃いていたとき、給食室の方から天秤棒を担いだ人が腰で拍子を取る歩き方で来るのが見えた。いつも給食の残飯を持っていく人であ

る。箒を使いながらやって来る人を何気なく見て、ハッとした。Nさんのお母さんだ。何か見てはいけないような気がして、掃除を続けながら下を向いて校門から離れて行った。

人の心の中を乱暴に掻き回すような接し方は許されない――ということが彼女の強い力によって身体感覚で入った。隣人との適切な距離のはかり方を教えてくれたのは、Nさんである。私がそれにはっきりと気づいたのはNさんのお母さんを見た後のことである。

Nさんのお母さんの声の抑揚は明らかに日本人とは違っていが、私にとっては耳慣れた響きであった。朝鮮の人たちのことに他者、隣人などという意識はもっていなかった。

川向かいの集落の朝鮮の人たちの旧正月はとても華やかだった。女の人たちは青、赤、黄色などのきれいなチマチョゴリを着て、シーソーで高く跳び上がったり、歌声に合わせて円くなって踊ったりしているのを、近所の子たちといつまでも見ていた。

あるとき、路地に白いミルクのような液体が流されていくのを目にした。黒っぽい服の男の人が大きなカメのような器を押し倒して、あたりにはツンと鼻を突く臭いが漂っていた。「ありゃあ、どぶろくじゃ」と帰り道で年かさの男の子が言った。それが何かはわからなかったが、泣いていた女の人のことをかわいそうに思った。祖母にたびたび行ってはいけないと言われていたので、見たことは話さなかった。

盛大なお葬式もあった。行列の先頭を「アイゴオー、アイゴオー」と泣き叫んでいく女の人がいた。長い行列は車が走る大きい通りをゆっくり進んで、道路端では近所の人たちがたくさん見送っていた。

私の棲む世間とともにあった人たちのことが、こうして心の中に溶け込んでいた。自分たちとは異なる風俗習慣をもつ人たちだということは、子ども心に漠然と感じてはいたが、明確な他者意識はなかった。しかし、Nさんの強い力によって初めて他者を認識し、それが学校で見たNさんのお母さんに対する感覚にも重なったのであった。

そのことをいま少し考えてみたい。Nさんにとっては、私は最初から他者であった。当時の歴史的、社会的状況の日本人社会の中で外国人として生きていくために、差別をする他者とは一定の距離をとって関係を保っていく術を早くから心得ていたのだろう。だから彼女は、自分の領分に無頓着に入ってきた私を力尽くで牽制したのである。

そのことによって私は初めて、Nさんが私のことをどう見ているのか、世間が朝鮮の人たちのことをどう見ているのかを悟った。その結果、学校で彼女のお母さんを見たとき「見てはいけない」気がしたのである。それは世間的な差別感覚ではNさんを見ないという自覚でもあった。同時に私の心の中でNさんははっきりと他者になってしまった。(2) 他者としてのNさんはその瞬間、私の世界から遠ざかり、私を孤独にさせてしまったが、やがて隣人となり、礼義・節度・信頼・愛というような社会的規範の基礎を培ってくれることになった。

この唐突にみえる他者認識にも準備段階といえるものがある。子どもは生活環境の中で周囲の大人の世界のことや、まだ踏み込んでいない世界のことを漠然と感じつつ育っていく。そういう段階があって、あるとき強烈な他者との出会いに結びつくのである。

人は社会的人間関係をよりよくつないで生きていかなければならない。子どもが他者と出会い、他者との距離感覚を身につけて生きていく術を習得することは、子どもの成長過程に必要な通過儀礼(3)のひとつであると思う。

他者との距離

運動会で五年生に次のような競技があった。ピストルの合図でスタートした走者は、とりどりの色の小旗が散らばっている所で、一本取って一定の所まで走ると、後ろ向きに座った先生がいて、パッと小旗が上げられる。その旗の色と自分のが同じだったら、そのままゴールを目指す。違っていたら旗の散らばっている所まで戻って同じ色の旗と取り替えてゴールに向かって走る。旗を取り替えて必死の形相で走る子もいたし、苦笑いしながら力を抜いて走る子もいた。

これは、競技というよりも運がよかった者が勝つというゲームである。集会ならいざしらず運動会の競技である。子どもたちの平等性を強調して競争を否定する。それでは、子どものもっている運動能力を存分に発揮させてやることにはならない。幼稚園などで「おててつないでゴールイン」は幼児期の子どもに配慮したものである。しかし、小学校は子どもの能力も個性もそれぞれに最大限に伸ばすところである。そのために競争も必要なものである。友だちと競い合うことで、闘争心を燃やし、負けて悔しがる、などの感情も活性化される。悔しさのなかで惨めさをつのらせて落ち込むというマイナスに向かうかもしれない。それを見極めて少しでもプラスの選択ができるようにしてやるのである。一所懸命にがんばって賞賛されるとさらに努力をして能力に磨きをかける。その姿は周りの友だちにも影響を与える。

子どもの発達段階[4]の学童期における心理・社会的危機の「勤勉対劣等感」というのは、勤勉と劣等感両方のものをもち、両方を経験するなかでバランスよく発達していくようにすること。バランスよくというのは、他者や集団からの、認められる、受け入れられる、適切なアドバイス、などによってこそ可能となることである。

いじめの問題にしても同様のことがいえる。「みんななかよく」「だれにもやさしく」と学級目標に掲げられている、子どもたちもよく理解できる大事なことである。しかし現実の学校生活の中ではいじめは起こる。[5]

「なかよく」は、なかよくだけをいっていたのではかえってそうではない現象を生じさせてしまう。どういうことが「なかよく」なのか、「なかよくではない」ことはどういうことなのかを知ること。その両方を自分自身のなかにもっていることに気づくこと。そうして、いろいろな状況にでくわしたときに、「なかよく」の少しでもプラスの方向を選択する自分にしていくことである。

「やさしく」するのがよいことだとよくわかっていながら、遭遇した場面でそのような態度が取れずに悩む。「自分にされて嫌なことは人にもしない」と注意しても、自分の嫌なことが人も嫌なことかどうかは全てがそうだとはいえない。いろんな状況の中で自分を顧みて自問自答する。だれに対しても「やさしくしたい」、でもほんとうはAさんのことを好きではないからどうしても「やさしくできない」。どうして好きじゃないのか、Aさんは私のことをどう思ってるんだろう。そういう葛藤が自分を深めてくれる。その葛藤が、次の状況に出くわしたときに少しでもプラスの方向に判断して行動できるようにしてくれる。道徳性にかかわることは多義性を含んでいる。

なかよく、やさしく、平等にと強調して指導することは子どもに同一化を求めることになる[6]。競争する必要のない平等の並列な関係は自己と他者との距離をなくする方向にいく。だから同じでない者は許されなくなる。自分たちの集団と同調できない者を異質として、排除する。そうではなく競争のなかで自己と他者の違いを認識して、集団の中の差異性を許容し合う。集団のなかで個々の差異性がみえるのは自己と他者とが適度な距離を取り合っているからでもある。

自立と依存

小学校に上がる前後のこと、近所の人と話していた祖母が、「じゃあ、甘えさして貰いましょうか」と言ったので、子ども心にとても驚いたことがあった。いつまでも甘えるのではない、自分で気づいて行動せよ、といつも叱っている祖母の言葉であった。いま振り返って思うと、祖母の「甘える」は自分は相手に対してすまないという気もちをもっているのだというメッセージが込められている。明治生まれのプライドをもつ自立した人間としての、他者に甘えるという依存の言葉であった。自立ということは、依存することができて可能になることである。

学校教育は子どもたちに「生きる力」を育成していく。そこでは「自ら学び」「自ら考え」「主体的に」「自らを律し」などと自立が求められている。そして各学年の発達段階のなかで各教科などの学びを通しながら育てていくものである。一気に身につくものではない。できないときには、できません、助けてと言えなくてはいけない。甘えるときには甘えることが大事。自立を強要すると甘えられなくなってしまう。自分が素直に出せなくなり、自助努力を求められて、かえって自立できなくなってしまう。(7)

「友だちにやさしく」「相手の身になって」は、思いやりの気もちを育てるために大事なことである。しかし、相手の立場や気もちを汲んで先取りしてわかってあげることが、かえって自分で考えることや自分の足で立つことを奪ってしまうことになる。(8) 他者を思いやるということが、その他者を集団の中に組み込んでいく作用を為す。そこでは一心同体的な集団依存が働いて、集団も自立したものにはならない。一心同体になると集団依存となって集団で異質排除が起こる。自立と依存は対立関係ではなく、両方ともが許容される関係である。そういうのが、多様性が認められる豊かな社会的人間関係といえる。依存とは人だけでなく、物や象徴的な存在などを含むものである。

自立と依存という混沌とした関係は境目がなく問題も生じてくる。そのつど問題解決を図り修正をしていくのが、個も集団も自立した社会である。

「自立と依存」を話題にするときに、いつも食育のことを思う。

食べることにより人間は生きている。動植物の命をいただいていることに感謝しつつ、健康な身体をつくることは基本的に家庭で担うことである。食事作法は仏教、キリスト教、イスラム教など宗教によりそれぞれの家庭での形がある。学校での食育は、子どもたちが自分の家庭でやっているようにそれぞれに感謝するとともに、食べることに関して知的に教えていくことにある。国や宗教により食事に関して相違があることや健康で安全な食生活のための基本的なことがらを学習する。そして家庭にも学校給食などについての理解と協力を求める。できないことを任せるのは必要なことだが、家庭が食事のことも学校にお任せするということではない。お任せという依存は一方的に寄りかかるだけである。家庭と学校とそれぞれ自立して役割を果たして、相互作用のある食育となり、子どもが健康に育っていくことができる。

注

（1）菅野　仁『ジンメル・つながりの哲学』NHKブックス　2003　pp.229-230
（2）レヴィ・ストロースの『悲しき熱帯』（上・下　川田順造訳　中央公論新社 1977）を読んだときに、このエピソードのことが重なった。物事は知ることから始まる。知ることによって発見や進歩がもたらされる。そして知るがゆえにまた哀しみも深くなっていく。
（3）フランスの学者ジュネップが名づけた。人の一生において一つの段階から次の段階へと移っていく重要な時期に行われるのが通過の儀礼である。誕生、入学、成人、病気などの状態や社会的地位の変化は、当事者個人と周りの他者にも、同じ事実がそれまでとは別の意味をもつことになる。そのようにして人は生涯にわたって社会的連帯を形成していく。
・柳田國男監修『民俗学辞典』東京堂出版　1974
・柳田國男『定本　柳田國男全集　第一五巻』「社会と子ども」筑摩書房　1977　pp.205-233
（4）E．H．エリクソン　仁科弥生訳『幼児期と社会1』みすず書房　1993
　人生周期の過去から未来へと続く時間的連続性が漸成的図式として示され（p.351）、人間の八つの発達段階として説明されている(pp.317-353)。このなかの「学童期」について、西平　直(『エリクソンの人間学』東京大学出版会　2001　p.84)が理解しやすい。西平は「「学童期」の例をとってみれば、身体的・自我・能力などのすべての発達の結果、その段階に特有の心理社会的特質が成り立ってくる。それが、その段階の自我にとって、親和的に感じられるとき「勤勉感(industry)の名を、逆に自我にとって違和的に感じられるとき「劣等感(inferiority)」という名をつける」と言っている。違和的に感じていたものを親和的に感じるようになって、肯定的なものと否定的なものとが望ましい比率になって、発達段階の危機の解決に向かう。

(5)いじめ問題に関する参考文献として。

土居健郎・渡部昇一『「いじめ」の構造』ＰＨＰ研究所　2008　いじめやねたみはどのように起こるのか、縦の関係がなくなってきた日本の社会、家庭や学校教育のあり方、いじめを克服するためにどうすればよいか、といったことについて二人の対談を通してまとめられたもの。

内藤朝雄『いじめの社会理論　その生態学的秩序の生成と解体』柏書房　2001　Ⅰ部の事例を通してのいじめの社会関係、問題解決の処方箋は具体的で説得力がある。Ⅲ部の自由の社会構造、新たな教育制度についてはこれからの教育を考える上で示唆的である。

古荘純一『日本の子どもの自尊感情はなぜ低いのか　児童精神科医の現場報告』光文社新書2009　子どもの精神面の健康度を日本、ドイツ、オランダ他と比較し、日本の子どもの自尊感情の低い理由を家庭、学校関係などから解いている。そして学校現場で子どもの心の問題をどうサポートしていくかについて述べている。

増渕幸男『「いのちの尊厳」教育とヒューマニズムの精神　生命科学との対話の道を探る』上智大学出版　2010　いのちの大切さを、生命科学を基礎として「いのちの尊厳」という深い意味でとらえている。

（6）菅野　仁『ジンメル・つながりの哲学』ＮＨＫブックス　2003　p.165「闘争」は「最も生き生きとした相互作用の一つである」。つまりそれ自体が人と人を関係づける社会関係形成＝「社会化」の一形式なのである。

（7）なだいなだ編著『〈こころ〉の定点観測』岩波新書　2001　pp.139-140　鈴木茂は臨床家として境界例患者に対する治療方針が90年頃を境に変化したという。「「自己責任意識を育むための自由と自己規律」の強調という、今日あらゆる小共同体の内部で求められるようになった社会全体の規範の変化と連動しているのであって、この傾向は今後ますます強まることだろう」

（8）土居健郎『甘えの構造　増補普及版』弘文堂　2007　p.299　――甘やかす者は相手の同一化を先取りしてしまう。だから相手は甘やかす者には同一化できない、したがって甘えられなくなるのである。

3　他者への共感

プール指導

水泳指導は四年の学年合同で、体育担当の先生が指導してくださるので、私は周りでの監視役。休憩タイムにはプールに入って子どもたちと遊ぶ。子どもたち数人が寄ってきて「先生、泳いでみて」と言った。困ったなと思いながら「クロールは苦手なの」と言ったが、「なに泳ぎでもいいから」と。しかたなく、顔を上げた平泳ぎで泳ぎ始めた。プールの端まで泳ぐのを何人かの子が、他の子が邪魔をしないようにずっとそばをついて歩いていた。たどり着いて立ち上がると、「すごお〜い！」見ていた子どもたちが拍手してくれた。荒い息をしながら、恥ずかしいようななんともいえない気もちで笑った。ほんとうはクロールは全くできなかった。

新任研修のとき水泳指導を受けた。いきなり飛び込みもやらされて、覚悟を決めて足からどぼお〜んと落ちた。プールの底に足が着いて、夢中で犬掻きをして浮かび上がった。死ぬかと思った。平泳ぎだけ少しできていたのが、この指導で自信がついただけだった。

あるときいつもの休憩タイムに、Sくんがクロールでそばにやってきた。「先生、こうやったらいいよ」と手の動かし方やバタ足をやってみせてくれた。子どもたちは誰ひとり「先生クロールできんの？」とは言わなかった。

教師のダメを見抜いた子どもたちは、「先生」という存在を今までとは違う感覚で受けとめた。同情心が「すごお〜い」という拍手となり、「こうやったらいいよ」と教えてくれたSくんは、できない先生への共感ゆえにであった。それは子どもたちが「先生」を新たな他者と理解した人間関係でつながったといえる出来事であった。

納豆焼き

一年生に給食指導をしたときのこと。食べ物の好き嫌いを話し合っているなかで、「なっとう、きらーい」とほとんどの子が言う。朝ごはんに家族で食べているという二、三人の子たちと、「ね、おいしいよね、ご飯にまぶしてね。あのねばねばがおいしいのよねえ」と頷き合ったが、クラス中に、「気もち悪うーい」の叫び声。

「わかった。納豆嫌いという人を、好きにさせてあげます」

「どうやって？」

「いつ？」

「絶対好きにならんもん！」

と言うのに、「お楽しみに」と締めくくった。

その晩、ニラ納豆をせっせと作った。ほんとうの料理名は知らない。二センチくらいに刻んだニラと、卵、納豆を混ぜ合わせるだけ。大きいスプーンですくってフライパンで両面をこんがり焼いて出来上がり。マヨネーズをつけて食べる。ニラや納豆の匂いもなく、こうばしく、とてもおいしい。これは先輩の先生に教えてもらったものだ。三〇数個焼いて、翌日教室に持って行った。ひとつずつ子どもたちの手にのせて、「マヨネーズをつけたい人はどうぞ」とちょこんとつけた。「お口に合わない人は食べないでね」と言ったが、なんと全員がおいしいと食べてくれた。

みんなで食べるからつられてしまうのであろう。O157の問題が発生するずっと以前のことだったし、衛生面が云々など考えもしなかった。学年主任の先生に相談してから、とは思いもよらなかった。今振り返ると冷や汗が出る。しかし、あの子たちのうち何人かは、きっと納豆が食べられるようになっただろうなあ。今日いわれる「食育」には比べようもないが、理論も研究もないままの出来事であった。

教育には、こうしてはいけないということは明確にある。体罰をしてはいけない、差別をしてはいけないなど。しかし、こうすることが最良ということはなく手を尽くしても限りがない。子どもに科学的技法にのっとり対処したとしても必ずしもうまくいかない。ましてや子どもたちはそれぞれの個性で、発達しながら日々を生きている。そういう子どもたちをまた学級集団として育て上げていかなければ、肝心の授業も成立しない。大学で学んだ専門的知識、技術だけでは通用しない、誠に難しい教師という仕事である。

苦難の多い仕事であるにもかかわらず、教師はそれを喜びとして教室に向かう。この喜びはいったい何によるものであろうか。それは子どもたちとの人間関係がつながるということにある。教師の最大の仕事である授業で、子どもがわかるということも人間関係が基礎である。子どもたちと何かがしみじみと通い合うという出来事がいくつかあったが、意識的にそのように仕組んだことではなく、なんでもない出来事のなかで子どもたちと共有世界に浸ったということである。

さびしいでしょ

扉を開け放っている校長室に低学年の女の子が三人入ってきた。

「なにしよるん?」

「お手紙を書いているのよ」

子どもの座ったソファーに移動する。

「ヒマなん？」

「せっかく来てくれたんだものね、お顔を見てお話したいからね」

しばらく話して、

「バイバイ、しつれいしました」

と出て行った。ある日一年生のYさんがひとりでやってきた。

「ひとりでさびしいでしょ。お絵かきしてあげるね」

持ってきた小さな紙に鉛筆で女の子と犬の絵を描いて渡してくれて、

「また来てあげるね」

と出ていった。

ランドセルを背負ったままで「ジングルベー、ジングルベー」と歌って帰っていった二年生の三人。高学年の子たちは、「校長先生の仕事はたいへんですか？」とも聞く。来客中でも構わず入ってきたら、「お客様にご挨拶は？」と挨拶をさせて、「じゃあ、お話のつづきをするからね」と言うと丁寧にお辞儀をして出ていく。

子どもたちはいとおしくかわいい。しかし決してごまかしはきかない。全て見抜かれる。いつもどの子にも真摯に向かう、ということを常に意識した。子どもと向かい合っているとき、自分の思い上がりの気もちが試されるのを感じる。

部屋の中にたったひとりでいることのさびしさを慰めてあげようと、一年生のYさん。彼女なりの他者理解の態度である。子どもたちは折々にそれぞれに何かを感じ、受けとめて育っていく。この子どもたちによって、校長としてあるいは人間として育てられたことはまぎれもない。

Kさんのこと

Kさんは中学年の子どもたちの学習や保護者への講演をしてもらった人である。彼女との話から。

彼女が行動を共にしている盲導犬に、用足しをさせて処理するために必要なちょっとした草むらが町中にはない。駅から橋を渡った河川敷に小さな繁みがあってほっとする。ホテルやレストランでは身体障害者や乳幼児を連れた人の為のトイレ・多目的室が大分整ってきたがまだまだ十分とはいえない。素敵なレイアウトのトイレであっても、ペーパーホルダーの位置は左であったり右であったり様々。手洗いの蛇口や栓の仕様も健常者向きが多い。利用する度にあちこち触って確かめるので小さな傷は絶えないと笑って言われる。

「目が見えなくてかわいそうな人、たいへんなのによく頑張っているなどと言われる。そうではない。もともと障害のある身はこれを当然として生きてきた。かえって目の見える人はなんと不都合なことだろうと思うことがある。話していると相手のことがとてもよくわかる。見えていたら、その人の表情などにごまかされてしまうが、見えないので本当のことがみとおせる感じがする」

一緒に食事をし話しているとき、目が不自由だという意識が消えていることがある。それを言うと彼女は答えた。「人と話すときに、相手の人と視線を合わせるようにしています。視覚障害者の方のなかには、目を宙に浮かせて話す人がいる。もちろん見えないのだからどこへ目をやってもいいでしょう。でもそれでは相手に対して失礼だと思う。だから講演のときにも聞き手の目を意識して見ています」「バリアフリーはありがたいことだけれど、車道と歩道との段差があってこそ、道路の区別ができるのです」

人それぞれにいろいろな事情があるだろう。しかし、物事は本人でなければわからないこと、その身にならないと理解できないことがたくさんある。障害のある人にとってはまだまだ本人の自助努力に任されてしまっていることが多くあることを彼女によって教えられる。

六年生の学年便りに書いたことがある。

「日米大学野球選手権に来日した、アメリカ・ミシガン大学三年のアボット投手は、生まれながらに右手首から先がありません。しかし彼の左腕からくり出される速球は一四〇キロを越え、変化球の切れも鋭い本格派。人々は口々にハンディキャップがあるのによくも……と褒める。しかしアボットは、『不自由な右手のことより、いい左手の方を褒めてほしい』とよく言うそうです。お子さまのよい所を見つけ、育てる言葉を掛けてあげてください」

『学年だより　夏休み特別号』——F小六年（1988.7.18）

アメリカでは自尊感情を育てることが意識されるが、日本人は短所を直すということが先に出てしまうことに気づかされる。

キャンプファイア

自然のなかで過ごす五年生の野外活動。家族と離れて学校の友だちと一緒に寝泊りする。テント泊もある。飯ごうでご飯を炊き、班で考えた献立を作って食べる。山に登る、飼育されている牛や羊なども見て回る。なにもかもが珍しく楽しい。そういう諸々の活動の中で最もドラマチックなものがキャンプファイアである。

第一部は儀式の火／カウンシルファイア。火の女神からひとりひとりの持つトーチに分火される。女神の衣装は保健室のシーツ、冠も金紙を貼って作ったものであっても女神の出現は神秘的である。火をみつめて営火長の「つどいの詞」。

——遠い昔の神話の時代、ひとりの神が太陽から火を盗み出して人間に与えたのが原初の火。その火を用いて生きていくために必要な知恵と技術を教えてくれた……。

第二部は交歓の火／ボンファイア。各班のだしものの歌、ゲーム、踊り、スタンツや、全員での歌やゲームなどで大いに弾けて盛り上がる。このときのために休憩時間や放課後に班の者が集まって練習もしてきた。わっしょいコールで場面を転換しては次々と楽しみ合う。最高潮は全員での踊りのようなゲームのような「ズンダ・ハイ！」。みんなで大きな一円になって曲にのり、エールマスターの先生の口調子「ズンダ、ズンダ……」で円周を歩く。突然入る「ハイ！」でくるっと跳んで後ろ向きになって今度は反対方向に歩いていく。先生のいたずらで、いつ、どこで「ハイ！」が入るかわからない。リズムにのって調子よく歩いていてもいきなり「ハイ！」の掛け声で反射的に後ろ向きに跳ねるが、跳び損ねて転んでしまうのがあちこちに。それでも構わず先生はハイ！　ハイ！　と続ける。みんなワーワー、キャーキャーと身体中いっぱいに笑って楽しんでいる。子どもたちの所作がかわいらしくなんとも愉快でただただ笑い転げながら、子どもたちも教師も一体感に包まれている。

第三部は明日へ向かう火／クロージングファイア。ついさっきまで燃え上がっていた炎はいつの間にか下火になっているのに驚く。ファイアキーパー担当の先生が頃合いを見ながら燃える火の調節をしている。キャンプファイアの始まりの時には明るさが残る空に山の稜線が見えていたのに、今は直ぐ背中まで真っ暗闇が迫っている。ファイアを小さく囲んで座る友だちの顔も遠くは見分けにくい。空を見上げると満天の星。は～っと息を呑む。星はこんなにたくさんあったのか。大きさ、色、明るさも様々にまたたいている。星の光は何万光年という時間を費やして地球に届いている。もしかすると今見えている星はすでに消滅してしまっているのかもしれない。もしかしたら、太陽系には他の星にも生物がいるかもしれない。でも今分かっていることは、人間はこの地球にだけ生きていること。

あんなにたくさんある星のなかでたったひとつの星の地球に私たちは生きている。そして私たちの時間が流れていく。今というこの時間を五年生の友だちとみんなでこうしてキャンプファイアを楽しんだ。一組の○○先生、二組の○○先生、養護の○○先生……そして助っ人にきてくださった先生方、元気で行っておいでと送り出してくださった家の人たち、いろんな人たちがいてみんなは今日の楽しい時をもつ事ができた。そのことに感謝して楽しかったキャンプファイアのことを心の中に大事に納めよう。

「今日の日はさようなら」の歌を歌い、最後をハミングしながらキャンプ場を去っていく。宿泊棟に帰り歯磨きトイレと騒々しく就寝前の作業が済むと、みんな早々に眠りに入る。

キャンプファイアは火を囲んで、厳かにあるいは激しく燃え上がる炎とともに、子どもたちが心を開放させて友だちと一緒に楽しむ感動のドラマである。自然の中、夜、闇、火という神秘的な環境が設定されて、厳粛な儀式と大いに弾けて盛り上がるという静と動の対照が演出される。また「ズンダ・ハイ！」のように、単調なリズムが破られるときの面白さは対照的な状況をつくりだして、心理的身体的な抑揚感をもたらす。そのなかで教師も子どもと一緒になって楽しみ、共有世界に浸りきっている。それが、感動や仲間集団の絆、自然の神秘などを実感するという教育効果につながっている。[1]

注

（1）文部科学省『小学校学習指導要領　第六章特別活動　平成二〇年三月告示』東京書籍 2009　p.114　野外活動は、学校行事のなかの「遠足・集団宿泊的行事」である。内容は「自然の中での集団宿泊活動などの平素と異なる生活環境にあって、見聞を広め、自然や文化などに親しむとともに、人間関係などの集団生活の在り方や公衆道徳などについての望ましい体験を積むことができるような活動を行うこと」と示されている。

4　人間関係と自己の行動

心理的対等性と相互作用

多くの場合、教育は人間対人間によって為し得る。学校教育は教師対子どもの相互的な人間関係[1]によって効果が得られるものである。しかし教師と子どもの関係は対等ではなく、どうしても権威や年齢の上下関係が生じている。子どもをわかるとか子どもの立場で、などは教師が子どもと同列に友だち関係になることではない。友だち関係では指導はできない。教師と子どもとは心理的に対等になるということである。そして、教師と子どもが会話、身振り、まなざしなどを通してお互いに影響を与えあうという相互作用[2]によって、人間関係を築きながら教育という営みがなされる。

林竹二先生は「教師はまごまごする能力がなければいけない」といわれる[3]。教師が高みに立って子どもを指導するというのではなく、授業のなかで子どもを無条件に受け入れ、驚き、喜び、戸惑ったりすること。それは、子どもに向かって心が開かれていないとできない。教師の思うとおりを悩みもなくすらっとやっていくのであれば、それは一方通行であり相互作用は生じない。

未熟な子どもを教育する教師もまた結局未熟なのである。ベテランといわれる教師であっても、子どもに対してまごまごしつつ子どもをみていく。そうやって教師も教師としての力量を磨いていく。しかし、子どもは未熟というがその未熟さゆえに、これからたくさんのことを習得して、新しいものを身につけて、変わっていく可能性が広がっている。教師も完成した人間ではない。失敗もすれば間違いも犯すし、技術の上達もあるという可能性をもっている。年齢が上がれば、今まで気づかなかったことに心がとまり、老人力もついてくる。子どもも教師もそれぞれの生涯発達の過程を生きつつ出会っているのである。(4)

新米教師のときには保護者の前に背筋を伸ばして立つ。未熟な自分をみられるのを恐れるからでもある。しかし経験を積んでくるとわからない自分をありのままに出すことができるようになる。ここまではできる、しかしこれはできないと自覚して、謙虚に「わかりません」ということができる。それが教師の自立である。そうなって初めて、教師は保護者や子どもと人間的に対等な関係になる。

教師と子ども

子どもはもともと伸びようとする芽をもっている。ならば教師はいたずらに手出しをするべきではない。その子の伸びる芽を損なうかもしれない。しかし、教育は伸びよ育てよとせざるを得ない。だから教師は子どもをみて子どもに学ぼうとする。子ども自身の学びをつくるためにと努力する。しかし、それも簡単なことではない。「ほんとうに苦しんで自分を越えなければ、子供から学べない。卑俗な自己が否定されないと、子供から学ぶなんてあり得ないことなんです」と林竹二先生は灰谷健次郎さんとの対談でいわれる。(5) 子どもをみていると思いがけない発想をしたとか、言動に驚かされて、こんな力をもっているのかと子どもに教えられた、などのことは日常茶飯にある。そういうことは表層的なことかもしれないが、子どもはすごいなあと素朴に感じ入るところから、子どもをひとりの人間としてみることが始まるのだろう。

子どもから学ぶ、ということは子どもを真に尊敬できなければ学べない。子どもを尊敬できることも教師という自己を否定して謙虚でなければみえないことである。子どもと教師とが人間として対等になって可能になることだ。子どもという存在は、幼く弱い未熟な人間であり、教師は大人として成熟した人間である。専門的知識や経験豊かな教師が未成熟の子どもに知識を与えて教えていく。このような上下関係、権威意識が強くあるところに、尊敬は生まれない。かといって、教師と子どもとが友だち関係のような水平の場にいるというものではない。教師と子どもはひとりの人間としてお互い対等、それが心理的対等性というものである。

子どもは子どもとしての現在の人格をもっており、学習や経験のなかで日々人格形成[6]がなされていく。教師も完成した人間ではなく、日々の人とのかかわりや社会的な出来事のなかで自らの人格形成をしている。そういう対等な人間関係をもっている。

子どもはひとりの人間として、かけがえのない命をもって彼の今を生きている。生きるということは自分自身の形成によるものであって、そばであれこれ指示されたり、こうせよと差し向けられるものではない。子ども自身の内発的な作用でもってでしか自己形成には向かわない。そういうことに対して教師は、環境を整え、見守り、手助けをしていくのである。

子どもを全面的に信頼し見守る教師。先生が自分というひとりの人間を注意深く見守っていてくれるという自覚がもてたときにその子の成長が促される。子どもの可能性を信じ期待して見守るというのは難しいことである。教育制度の枠組みのなかで限られた時間のなかで、教師は見守り続けてはいられない。すぐにああせよこうせよと口出しし、何でできないかと焦る。こうありたいという自己の教師像の矛盾のなかで悩みつついくしかない。

親と子ども

親子関係は誕生以来の日々の世話をする・されるという時間と場所のなかで愛情の信頼関係が育まれていく。それにひきかえ、教師と子どもとの人間関係は、新年度に○年○組の学級の担任と子どもたちとして突然に結ばれる。この結びつきを通い合いのある人間関係にしていく作業から始めなければならない。それは毎日の些細な出来事のなかの営みである。子どもたちと通い合いのある関係を育てていく手立ては多様にある。学級通信もそのひとつである。ひとりの思いを学級みんなのひとりひとりが自分の思いと重ねて共有していく。時には保護者にも登場してもらう。

――「もうやだ」――

う～！　お母さんのバカ！　どうしたかというと、しゅくだいが早くすまないからって、「もー、これだけでも時間わりできんの！」時間わりってそんなに早くできるもんじゃないってのに～。明日はさんかん日。前のせきだからどうせ、お母さんたちは見えない。でも、先生は見える。子どものことを話す会があったらきっと、「うちの子はなんでもグズで……」って、言うかも！　お母さんもドジのくせして！「なにが言いたいん？」お父さんがわたしに聞いてもしばらくすると「どーせ、聞いてくれ――ん」言わないままにしてしまいました。おこりんぼ！　くいしんぼ！　わる口を心のなかで言いつづけました。……親はもうやだ！（K）

――同じように腹が立ったことがあるよ――

ぼくが勉強を始めようと思ったら母さんが「早く勉強をしなさい！」と言った。ぼくは

今からやろうと思ったのに。（T）

ぼくもおそく勉強しておこられてはらをたてたことがあります。そんなとき、もうお母さんなんかきらいだと思います。（K）

――なぜお母さんはしかるのだろう――

おとなになってからどろぼうやら、悪い人になっちゃいけないから子どものうちにしかっとく。（S）

ぼくはこう思います。りっぱにそだてるため、頭がえらくなってほしいためにおこると思います。（E）

――お家の人から――

まるで自分の事を言われているみたいで、ドキッとするやら「みなさん、そうなのかしら」と思ってホッとするやらです。もう少し余裕を持って、子供を見てやらなくてはと思いながら、どうしても、毎日、時間に追われて、子供の背中をつつきながら過ごしてしまっているようです。たった?·年戻れば、私も同じ事を感じていたのですが……。（F）

よそのお母さんも同じだなと思うと、おかしくなりました。ほのぼのとして楽しかったです。（T）

『日記から』――F小三年（1986　No.11）

「行動の記録」について

学校教育課程における指導の記録としての「児童指導要録（児童の学籍とともに指導の過程や結果をその後の指導に役立たせるための原簿）」には「行動の記録」の評価欄がある。

行動の項目

行動についての項目は次のものである。「基本的な生活習慣」「健康・体力の向上」「自主・自律」「責任感」「創意工夫」「思いやり・協力」「生命尊重・自然愛護」「勤労・奉仕」「公正・公平」「公共心・公徳心」。これらをみると、個人に関するものと社会集団に関するものとがある。個人に関するものは「健康・体力の向上」「自主・自律」「創意工夫」であり、他はすべて社会集団に関するものである。「基本的な生活習慣」は個人に関するようにみえるが、趣旨に「時間を守る、礼儀正しく節度のある生活をする」とあるように他者とのかかわりに関する項目でもある。

学校生活は他者との関係をうまくつくっていくことを学ぶところである。子どもは家庭を中心とした人間関係から、学校社会という他者関係の広がりの場をもつようになる。学校はそれまでの自我の通じやすい親密な家庭とは違って、自己中心は通用しなくなる。先生や友だちという他者の視線を取り入れながら、自分がどのように振る舞えばよいのかをわかっていく。そのような個の自立は社会の人間関係のなかでしか学ぶことはできないのである。他者という社会のなかで自分がわかって自立できる。自分の役割がわかると態度や行動に表して社会に生きていくことができるようになる。そういう自立した社会的な人間としての行動が、「行動の記録」の項目として挙げられている。

行動の指導

学校生活は社会関係を形成する過程であり、子どもが意図的、計画的、統合的に教育される時空間である。

子どもは学校のなかで教科や教科外の学習やその他諸々の出来事を経験していく。しかも六年間という長い期間であり、心身が著しく発達する、思考も柔軟な時期の学校生活である。学校社会の人間関係は、学級担任を中心とする学校職員の大人と同年齢集団の学級や上・下学年の子どもたちとによって構成されている。こういう限られ、守られた社会的人間関係のなかで、人とのかかわり方を徐々に学んでいく。

友だちとの学習や遊びの場では様々ないさかいや協力し合わねばならないことが生じる。そういう出来事が学びとなる。例えば、「思いやりの心をもって行動しましょう」と口頭で教えて身につくものではない。「思いやり」は低学年の時には、自分よりできない友だちに手伝ってあげることを意識する。中学年になると、友だちに一緒にしようかと尋ねたり、自らが手伝ってほしいと言うようにする。高学年では、相手の立場を考え、自分と異なることも尊重しようとする、などのように指導する。

他者に対する意識は、知と情の様々な経験が必要である。子どもが経験する出来事のなかで「思いやり」という意味を考え、自分自身の態度を決めて行動することによって身についていく。当然失敗や間違いなどトラブルも生じるであろう。そういう多くのトラブルが許容されて学びとすることができるのが学校である。「思いやり」というのは具体的にはいろいろな場面でそれぞれの処し方がある。自分より幼い者、障害のある人、お年寄りなどに対する、それぞれの人や状況によってかかわり方も多様にある。その場に応じた自分のあり方の判断や基準を自分自身でつくっていくように、教師は育てていく。それが社会関係のなかに子どもが自立することに向かうことである。

子どもの自立は、学校のなかの社会的人間関係によって可能となる。学校社会は、自立した子どもたちによって成り立っていく。だから子どもひとりひとりが創造性を働かせて学校社会をつくっていくことになる。そのような態度の形成を育てるのが行動の指導である。

指導者の判断基準

行動を評価するときには教師自身の判断、基準が問われることになる。例えば「公正・公平」の趣旨は次のようにある。「第一学年及び第二学年――自分の好き嫌いや利害にとらわれないで行動する」「第三学年及び第四学年――相手の立場に立って公正・公平に行動する」「第五学年及び第六学年――だれに対しても差別や偏見をもつことなく、正義を大切にし、公正・公平に行動する」

「相手の立場に立って」ということは「思いやり」のところでみたように、相手が自分より幼い者、障害のある人、お年寄りなどによって対応のしかたは異なるものだ。また、差別や偏見をもつことなくということも、自分に学級集団への帰属意識が強くあれば、異なる他者に対して差別意識を生じてしまう。あるいはまた帰属意識が育たなければ学級集団としては成立しないというパラドックスを含んでいる。教師はそのようなことを理解して、差別や偏見をもたないことについていろいろな場面で繰り返し指導していく必要がある。

さらに、この指導する教師の側からみると、教師自身が自分のなかに「公正・公平」についてどのように受けとめているか、そして子どもたちの前で、「公正・公平」な振る舞いをしているかが問われる。自分自身ではそのようにしていると思っていても子どもたちの目からみて違和感があるならば、公正・公平な態度ではないことになる。子どもを指導することは教師自身が試されていることでもある。だから子どもをみつつ、自己を振り返ってみていかなければならない。

注

(1) 福武　直・日高六郎・高橋　徹編著『社会学辞典』有斐閣　1969　社会関係、人間関係について次のように解説している。同一の集団や組織において、自我と他者の間に持続的で安定的な接触が行われ、お互いに他に影響を与え、行動を規制しあっている関係を社会関係という。社会関係を外的・制度的な側面と内的・現実的な側面とにわけて考える場合、後者の特に心理的、感情的な側面を人間関係という。

(2) G・ジンメル　居安　正訳『社会学の根本問題（個人と社会）』世界思想社　2004　pp.58-59　相互作用はジンメルの社会観の中心を為す概念である。社会は諸個人のあいだの相互作用である。相互作用はある衝動や目的のために生じ、人は他者と集合し、互助や共存や対立の行為に入り、他者たちとの相互関係の状態に入る。そして他者たちへ作用を及ぼし、他者たちの作用を受ける。

(3) 林　竹二・灰谷健次郎『教えることと学ぶこと』小学館　1979　p.21

(4) 茂木健一郎・黛まどか『俳句脳』角川書店　2008　pp.11-12　脳科学者の茂木健一郎さんは、既知の言葉に未知のものを見出せる可能性が日常にはまだまだ隠れている、と書いている。小さい頃に抱いていた数々の夢を思い出して、あんな仕事もしたかった、こんな人にもなりたかった。着手できないまま人生半ばを過ぎた……すると突然「ああ、これが縁なのだな」という思いに至った。毎日一所懸命生きてもどうにもならないことを、昔から人は「縁」という言葉で表現していたと奥底からわかった。「縁」という言葉を知った経験だった。それまでのネガティブな気持ちが消え、目の前に新しい世界が開け、明るい光が胸に。まだ大丈夫、まだ未来があるという思いを「縁」という言葉が運んできた。

（5）前掲書（3）『教えることと学ぶこと』p.27

（6）大河内一男・海後宗臣・波多野完治『教育学全集　増補版一一　人格の形成』小学館　1976および、桂　広介・園原太郎・波多野完治・山下俊郎・依田　新監修『児童心理学講座8　人格の発達』金子書房　1973　人格と性格はパーソナリティとして同義的にとらえられるのが一般である。自我の統一性をもった人格は三つの要因（①素質的要因……生後二、三カ月で気質の個人差が生じる。②社会的・文化的要因……親の養育態度、所属集団の共通規範。③主体的要因……自らの意思によって一定方向に自己を形成する。）が絡みあって形成されていく。家庭・地域社会・学校とあらゆるところでの経験や人間関係などによって生涯にわたって人格は形成される。

5　他者排除を超えて

子どもの発達には順序がある。誕生以来、歩行、言葉の習得、排泄と世話をされながら、順序に従って発達していく。しかし、どの子も一様な発達をするのではなく、その子にとってのその時がきたら変容していく。変容の時期の遅速や質といったものは、その子の自発的に発現していく生成に根ざしたものである。そういう生成に根ざしながら、世話や教育されることによって発達して、子どもは自分の人格を形成していく。

子どもが自分の人格を形成していく過程を、人間関係に焦点を当てながら障害のある子どもの事例を通してみていく。

Fくんの自覚

Fくんは知的障害があったが、保護者は居住地の小学校の障害児学級に入れるのを避けて本校の普通学級に入学させていた。人と言葉を交わすことはほとんどなく、いつもにこにこして穏やかであった。彼は二年生の半ば頃、学級に入りたくながりだした。無理やり席に着かせると泣き出して止まない。そういう情緒不安定が続いて、しかたなく担任は彼を職員室の自分の席に座らせて自習をさせることにした。もともと一斉の学習は無理だったので別の課題を与えたりしていた。彼はひとりでさびしがりもせずに落ち着いて、国語の教科書を読み、ノートに書き、プリントをやった。先生にいわれたことを済ませると、自由帳に大好きな絵を描いた。時折担任の先生が様子を見に来ていた。彼は自由帳に絵を描いている時間が多かった。それは彼にとっては気楽であったかもしれないが、せっかくの時間が無為に過ぎていくことに胸が痛んだ。三年生になるとき彼は、居住地の小学校の障害児学級に転校していった。

彼の状態について障害児教育担当の指導主事さんに相談したときに教えられた。「彼が突然学級に入ることができなくなったのは、彼がこの教室が自分の居場所ではないと気づいたからである。それは彼の成長の証でもある」。

今までは教室ににこにこと座っていたのが、突然拒否するようになった。それは彼にとって学級集団の存在がだんだんと大きな恐怖となって我慢の限界に達した故であろう。ここは自分の安心できる場所ではないと自覚できるようになったことは彼自身の大きな変容であり発達である。また、そういう彼の変容を促したのは、彼の恐怖の対象である学級集団によってである。学級集団のなかでの友だちや先生とのかかわりを通して、彼は変容していくことができたのである。(1) 次のAさんの場合も、同様のことがいえる。

Aさんの自尊感情

四年生の学級に、軽度の知的障害があり学力が低く、一斉授業はみんなと同じようにはできないAさんがいた。

「はい、色塗りをして」「ここを開いて」などと個別に何度も指示しなくてはいけないので、一番前の席にしていた。算数を一年生からやり直していこうと思って、一年のドリルをやらせた。最初は指示した通りのことをやっていた。あるとき、算数の計算プリントをみんなに配り、彼女には一年生のプリントを渡した。みんな一斉に取り掛かったときに、「先生、Aさんが……」と隣の席の子が呼んだ。そばに行くと、何か戸惑ったような泣きそうな表情になっている。「どうしたの？」と言うと彼女は手にしたプリントを突き出した。えっと思った。そこでみんなと同じプリントを渡すとそのプリントの上に覆いかぶさるようにして書き込み始めた。ああ、彼女もこの教室のなかでみんなと同じでないといけなかったのか。後で見るとプリントの解答欄には、数字が脈絡なしに書き込まれているのが切なかった。そしてハッとした。そのでたらめの数字は彼女の自尊感情の主張として担任に突きつけられたものにほかならなかった。

学力をつけてやらねばという担任の教育的配慮は、彼女の自尊感情を損なうものでしかなかったのだ。もしあのまま彼女の反発を抑えていたら取り返しのつかないことになっていた。この時期の子どもにとって、仲間内のなかで自分がどのように見られているかということは、自己形成をしていく上で重要な意味をもつものである。しかし、わかったふりをさせるのではなく、この子にもほんとうにわからせてやりたいと切実に思った。

Aさんは、保護者の意向で小学校では普通学級に在席していたが、中学校からは障害児学級に入級した。

Aさんは自分に与えられたプリントは他の友だちのものとは違うということに対する違和感、屈辱感をもった。その感覚は、担任のみんなとは違うプリントを彼女に与えるという行為があったからである。Aさん、学級のみんな、担任という三者のかかわりのなかでAさんの自覚が促された。担任は自尊心というものを彼女によって考えさせられた。Aさんと担任との相互作用があり、そしてお互いの成長が生じたといえる。

人はひとりでは変われない、他者とのかかわりによって、人は変わっていくことができるのである。

交流学級のYくん

Yくんは自閉症、知的障害があり一年生のときから障害児学級に在籍していた。三年生になって普通学級との交流が始まった。一学期の交流は、音楽（専科の先生）と習字の時間であったが、二学期からは、学級会と給食時間も加わった。教科の学習とは違って友だちとのかかわりが増えることになった。給食は班の机を向かい合わせにしていた。Yくんはひとりでさっさと食べて、友だちと対話することはなかったが、話をしている子の顔をじっと見ていたり、にっと笑ったりして、時折胸の前で力を入れて両手をパチパチとたたいた。その拍手は彼のこだわりの所作であった。

交流するに当たって、どういうふうに配慮をしたらよいのかを障害児学級担任のH先生に尋ねた。「いっさい気を遣わなくていい。Yは三年四組の教室にいるだけでいいのだから」と言われた。学級担任と障害児学級の先生との交流ノートも「気づきがあるときだけでいいから」と渡された。交流が終わるとそのノートを持ってYくんはいつも駆けて学級に帰っていった。うれしそうな解放感のようなものが後ろ姿にみえた。

二学期の学級集会でラインサッカー集会をすることになった。Yくんも楽しくできるようにと話し合った。彼のいるチームには特に強そうな子たちが多めに集められた。こういったことは子どもたちの話し合いによって決められた。三年生という学年の子どもたちは、自分たちでできるという意欲を強くもって伸びる時期である。

さて、当日の試合では「Yくん、ハイ、けって！」と何度か彼に向かってボールが転がされた。障害児学級の先生と練習を積んできていた彼は、こわばった顔でボールを蹴ったがほとんど空ぶりであった。転がって動いているボールを蹴るというのはなかなか難しいものだ。靴の先がほんの少しボールをかすってころころと転がって、ほっとしたような顔をした。それでも子どもたちは、Yくん、Yくんと呼びかけてはボールを転がしてやっていた。ついに彼は足元に来たボールを両手で止めた。すかさず「だめだよ！　手でさわっちゃ」と言われてびくっと立ちすくんだ。

当然このチームは負けた。子どもたちは仏頂面。時間が終わって教室に戻りながらどの子たちも、つまらん、おもしろくなかったと口にした。みんなで楽しくゲームをしよう、という集会だったのにちっとも楽しくなかった。しかも最強メンバーのチームであったにもかかわらず試合にもならず、相手チームにとっても力の入らないものであった。

もう一度やり直したいという彼らの要望で話し合いをもった。ラインサッカーだけでなくボールそのものの扱いが苦手という子もいて「Yくんはラインサッカーがきらいだったのではないか」と言う。障害児学級のH先生から、大勢でのチームプレーはとてもできないが、ボール遊びは大好きだと聞いていたことを伝える。「ボールが好きなら、やっているうちにできるようになる」「自分もラインサッカーが苦手だし、ボールがきたらこわい。でも、みんなでゲームをするのは楽しい」。しばらくして「Yくんもみんなとおんなじにしたらいい。クラスのなかにも上手な人と下手な人もいるからおんなじだと思う」「チームも特別じゃないのがいい」ということになって、キャプテン四人を先ず選んで、チームのメンバーはくじ引きで決めることになった。

やり直しのラインサッカー集会。Yくんは試合の最中、コートの端っこの方に立って、拍手していたり、みんなが走るのにつられるように走ったりしていた。ひとりの子がYくんに「けって！」とボールを転がしてやっただけで、みんなは彼のことを特別扱いせずにのびのびと試合をした。Yくんも笑顔が出ていた。校舎の窓からH先生が見ておられた。

「Yくん、ハイ！」と何度も彼にボールを与えて、彼に配慮するという子どもたちの建前の善意は見事に崩れた。やっぱり子どもは自分自身が存分に楽しみたいのである。この集会を通して子どもたちは自分が楽しくなかったら、みんなも楽しくないということを実感した。そして、特別扱いしないYくんをクラスのみんなのなかのひとりとして受けとめた。

最初の試合は、Yくんにとってはたびたびボールが足元に転がされて緊張のしっぱなしだった。とても楽しむどころではなかったであろう。やり直しの試合では、どんなにか安堵感をもってチームのなかにいたことだろう。試合中みんなもYくんの存在を意識することはなかったといっても、時折視野に入る彼を見ていたであろう。彼を排除するのではなく、みんなと同じようにはできないという彼の異質を意識しつつ、一緒に試合をする。そういうラインサッカーの時間を学級のみんなで共有するということに意味があった。

交流の最初にH先生から「いっさい気を遣わなくていい」と言われた言葉はそういうことであった。

Mくんと指導技術

四年生の一学期半ばに転校してきたMくんは弱視で、薄茶色のガラスのメガネを掛けていた。運動は苦手であったが学力は高かった。転入そうそう班の子と喧嘩して自分の教科書やノートを払いのけて床に落とし机に突っ伏して泣いた。負けず嫌いのように見えるのは弱視を弱みと見られたくないせいでもあろうか。放課後週三回、弱視教室に通った。

四年生から地図帳の学習が始まった。彼が転校してくる二週間前から、朝の会で地名探しをやっていた。地図帳に慣れ親しませるためのものであった。ニュースに因んだ都道府県名、平野や川の名前などを索引を調べて地図の場所をみつけるというゲームである。見つけた子が挙手をするのを、ストップウォッチを使って、一〇秒、一五秒と伝えて早さを競った。学級の半分まで挙手したらタイム測定は終了し、お互いに場所を教え合った。

この地名探しのゲームをどうしようかと考えたが、Mくんのために止める訳にもいかず、彼も地図帳が使えるようにしてやらねばならない。最初はとてもついてはいけず、地図帳に顔をこすり付けるようにして調べ、「まって！　まって！」と叫びつつ悔しがって泣いた。彼にゲームを止めようかと尋ねると、「いい。ぼくもやりたい」と答えた。その後半月もたった頃、彼はクラスの五、六番目の早さで地名を見つけることができるようになった。特訓の成果であった。彼は弱視教室の先生に、どうしても早く見つけるようになりたいと訴えたのだ。負けず嫌いの面目躍如であった。

彼は自己主張を強くして譲らないことが多く、みんなとなかよくとはなかなかいかなかった。なかよしになったのはKくんだった。彼も気性の強い子、口下手で自分の思いを言い返すことができず、相手をなぐったりした。暴力はダメと何度も言われてきており、はぶてたときには机を蹴ったり、ノートを引きちぎって投げたりして悔し泣きをしていた。手先が器用で、給食で鶏の骨付きがでたとき、後で友だちから骨をもらって、それを組んで、机、椅子、動物などを作った。ティッシュください、セロテープ貸してくださいと言ってきて、集めた骨をべろべろ舐めては作る。あまりきれいとは言えないが、彼の机に並べられた白い作品はかわいかった。思わず「うまいねえ」と感心すると満足そうな笑顔をした。

休憩時間になるとふたりは外へ出て行って虫を捕まえたりして遊んだ。気の強いもの同士なのに二人の間ではトラブルはなかった。Mくんは「ぼく、よくぶつかるんだよ。腕も足もあざだらけ」と言いつつも、Kくんを追ってものすごい勢いで教室を走り出て行く。はらはらしたが大きな怪我はなかった。

Mくんが風邪で三日も学校を休んだ。みんなのお見舞いの手紙をKくんが持っていってくれることになった。丁度その日の給食に鶏の骨付きが出た。Kくんは友だちから集めた骨で犬を三匹作った。どうするの？　と問うと「ぼくのと、Mに二匹あげる」と答えた。う〜ん、と思ったがそのままにした。

翌日Mくんは元気な顔で登校してきた。休憩時間に彼を呼んでそっと尋ねた。「あの犬、どうしたの？」「捨てた。お父さんが汚いといったので、全部捨てた」「Kくんに言っちゃだめよ」「うん、わかってる、わかってる」と彼は手を振って外へ出て行った。なんとなく大人っぽくなったような、落ち着きのようなものを彼に感じた。

指導の技術について。指導の巧みさは、下手より上手であったほうがいい。しかし下手でもそれなりの一所懸命さがあればその熱意や態度が子どもに伝わる。そしてだんだんと経験を積めば技術も上達してくる。それより大事なのは子どもの心を読みとること。技術でもって効率よく教えるだけでは子どもの身にはつかない。だから指導は技術ではない、ともいえる。

しかし、障害のある子、自己主張の強い子、自己肯定感の乏しい子など、それぞれをよりよく伸ばしてやるために、技術は必要である。もちろんひとりひとりの子どもの状態によって対応せねばならず、技術だけとはいかない。しかし経験や勘に頼るだけでは偏見に陥る危険もある。子どもひとりひとりを、そして学級の子どもたちの現状をみて判断するためには、専門的な知識や人間観などにもとづいた自分の技術を磨いていくことが重要である。そして、ここで指導するかあるいは口出ししないで見守るか、そういう状況を判断して、自在の妙でもって対応していくことが大事である。(2)

注

（1）国分康孝『〈自立〉の心理学』講談社現代新書　1982　pp.118-125　国分はグループに属することの効用を六点挙げている。1 情報が得られる——ひとりでは耳に入らないことも集団に属していると自然にわかってくる。2 心理的離乳——対人関係が広がり、家族関係のようなわがままはきかない。3 心の支え——集団の一員という意識は、自分が何者であるかという自覚——アイデンティティ——の支えとなる。4 精神的な安定——話題の交流で感情を分かちあえる。5 人に認めてもらえる——集団内で一人前のメンバーとして遇してもらえて人生肯定の原動力となる。6 行動のしかたを学べる——集団の行動様式や雰囲気を新しく身につける。

（2）西平　直『エリクソンの人間学』東京大学出版会　2001　p.272 注（3）
……（略）個々の具体的な実践の鍵を握るのは、その都度の「状況判断」にあるということ。（略）

人間形成論は、そうした「状況判断」を育てることにこそ、もしくは、その状況を「洞察する眼」を育てることにこそ、その任務を負うということなのである。

Ⅳ　次世代を育てる

子どもを教育するということは、次世代を育てるための営みである。現世代の知識や技術を次世代に伝える営みは、多くの動物に共通する種の持続[1]のための必然的な行為である。人間はそれに加えて、未来をさらに善い社会に発展させていくことを願ってきた。そこには、動物たちが家族や群で次世代を育てるのに対して、学校という教育制度をもったことが大きく貢献している。

ここでは、世代を引き継ぐということの意味を振り返ったうえで、学校教育のありようを再確認し、地域社会や学校のなかで育つ子どもの姿をながめたい。さらに、学校を卒業し社会人として成長を続ける子どもたちの姿を追ってみたい。

注

（1）大田　堯『教育とは何かを問い続けて』岩波新書　1992　pp.206-227　大田は「種の持続としての教育」について概略次のように述べている。――教育は人を人にすること、人間性を持続させかつ豊かに育てるという、種の持続をはかることをめざすものである。種の持続としての教育は人間という種の持続だけを願う人類エゴイズムでは困る。人類自身のエゴイズムを抑制して、自然との共存のなかで種の持続をはかることは、私たちが直面している緊急事である。そのための教育環境として地域共同体の習俗・伝統行事などが重要であり、子育てが家庭内に「私物化」されるのでなく、「人類の子ども」として地域に共有されなければならない。

1　世代を引き継ぐということ

人は前の世代から、社会的、文化的な諸々を受け継いで生活をしている。自分の生まれる以前の歴史や戦争のことは関係ないとは済まされない。前世代からの伝承があって、自分が今ここに存在し、生活している。そして自立しているから社会的にも歴史的にもかかわっている。自分もそういうひとりの人間としての責任を引き受けていかなくてはならない。次世代の子どもたちにも社会を創り、世代を継承していってもらわねばならないのである。

命の教育

学級の子どもの父親が病気で亡くなられて、葬儀に代表の子ども二人と参列した。学校に帰り、自習していた子どもたちに葬儀で聞いたことを話した。父が死んだ後、お母さんを助けて、しっかりした子になってほしい、というお父さんの言葉が紹介されていた。代表の子はKくんが泣いていてかわいそうでしたと言った。家の人と通夜に行った子もいて、泣いている子もいた。みんなで黙祷して締めくくり、早めの休憩時間とした。

多くの説明は要しない。子どもが何かを感じ、それぞれの何かを心にとめていくことが、子どもを思慮深くしてくれるのだと思う。

命の尊さ、かけがえのない命、自他の命の尊重、などのことは道徳教育とともに全ての教育活動のなかで行っていくものである。教師はいつもそのことを指導の根底にもっている。朝顔、ヘチマ、稲の栽培や、飼育舎のうさぎ、鶏、小鳥の観察などを通して生物の命について科学的な教育がなされる。しかし人の命についてはどのように指導されるか。いじめや自殺などにかかわって命の大切さの指導強化がいわれる。そういうときに、命は大切だと声を強めてもそういう理念は口でいくら言っても腑に落ちるものにはならない。手を伸ばせば七〇歳がつかめる年齢になれば、死を身近なものとして否応なしに受けとめるようになる。子どもでも、死んだら命はなくなることをうすうす感じ、自分の命はひとつだと知っている。そういう子に、年をとったらあなたも死んでしまうんだよと直截に言うのは意味がないし、かえって害になる。命と死を通して生きるということを考えさせたい。

浜之郷小学校の大瀬校長先生は自身の病気をもとにして子どもたちに命の授業をされた。(1) 子どもたちの心のなかに命のことや生きることの意味が深く刻み込まれたことであろう。身をもってのそのような尊厳ある授業はなかなかできるものではない。

今日の核家族、長寿社会の子どもにとっては、死に接することはまれになっている。子どもが祖父母の臨終に立ち会うことがあれば、説明などなくても死ということの事実を、近しい人への思いの感情をともなって受けとめることができる。そういうことが家庭で行う意味のある教育のひとつである。感情的な経験をいろいろするところが家庭である。学校では動植物の生命についての学習の際に、家庭での子どもの経験を引っ張り出してやることで、五感を働かせて知的な理解が効果的なものになる。子どもが家庭で学べることと、学校で学ぶこととは自ずと異なっている。科学的な知識や技能を学ぶのが学校である。科学的も経験も情緒的なこともと諸々すべて学校で引き受けることには無理がある。全部教えようとするからかえって形式的なことしか教えられなくなる。体験活動で五感を働かせて、というのは指導の方法であってそれ自体が目的ではない。家庭でそれぞれの子どもの経験があり、それが子どもによって違っているから、学習の場に持ち寄って共有化して意味を問い、調べて、と追求する学習を深めることができる。家庭での情緒的経験と学校での知の教育との両者でもって相互補完的な教育が可能となるものである。

世代の継承

人間は社会的動物であり、つながっていなければ生きてはいけない。自分が自立しているから、衣食住にかかわる必要なものを買い求める、電子レンジが故障したら修理を依頼する、風邪をひくと病院へ行く、など自分でできることは自分でやり、できないことは人を頼り依存することができる。社会から離れて孤立すると、孤独死してしまう、生きてはいけなくなる。地域社会には、多種の商店、医療機関、ごみの収集、など社会の諸々のシステムが機能しているからこそ、自立も可能となる。また各自が家の周りの清掃、町内会の仕事、あるいは納税といった、住人としての気遣いや義務を果たすということで社会にかかわり自立した生活をしていくことができる。

社会の原語が、「結合する」という意味から由来していると社会学辞典にある。この社会的連関のなかで人はかかわりあって生活を営んでいく。そのことを、子どもの成長の過程で見てみよう。

生まれた子どもは親に世話をされて育っていく。子育ての態様は親自身が育ってきた経験のなかで身につけた生活様式や価値観などによるものである。世話や躾は、親が所属してきた社会集団の影響を受けながら習得し、また新しくつくりかえて自分自身のものとしてきた事柄である。それが社会化であり、子どもも基本的な生活様式や社会的規範などを身につけて社会化して、自立しつつ社会の成員に組み込まれて学童期に入っていく。

子どもは六歳前後に人格の基盤がほぼ整う。そして知的、精神的、身体的にめざましく発展していくのが小学校に入ってからの学童期の段階である。だから学校教育は、子どもの心身の内的な発達の法則に即しながら外的に、計画的、系統的、統合的に教育を展開していくものである。この教育はすべて教師対子どもの関係性のなかで相互作用によってなされる。それゆえ意図的な教育とともに無意図的なことも子どもに伝わることを考慮しておかなければならない。

子どもの教育に大事なことは、ひとりひとりの子ども時代を充実させていくということである。子どもの時でなければできない経験や子どもだからこその感動がある。学校生活のうちにある諸々のことで充実した子ども時代を築いてやるようにするのが学校教育の役目である。

しかし学校教育は限られた期間のもので、子どもの生涯発達のひとつの段階でしかない。子どもは学校での学びを生涯発達の人格の基礎として、その後は子ども自身が自分で知識や技能を習得しながら自己を形成し次の段階に向かって大人になっていく。

個人と社会

人は自発的な発達をしていくなかで、政治的、経済的または自然的にと様々な環境の影響を受けて経験を重ねていく。それは受動的なものだけでなく、一個人も社会を変容させて歴史にかかわっていくということも含んでいる。それは選挙権の行使や住民運動などの社会的な行為でなくとも日常生活の些細なことでもいえることである。

勝手口の前の雑草を取っているところに小学校中学年の男の子が通りかかった。「あ、おかえりなさい」と言うと「こんにちは」とぴょこんと頭を下げて過ぎていった。男の子は家に帰り、母親に近所の人に挨拶したなどと話すかもしれない。母親は自分からもちゃんと挨拶しようねと応じる。その子は別の日に「こんにちは」と進んで挨拶する。それを受けた人は清々しい出来事として人に話し、昨今の子どもの教育について話題が及ぶ。そして――、と挨拶をもととして社会的関係性が拡大されていく。

休日に姪や甥たちと会って他愛ない話をする。私にとっては久しぶりで和む。それを彼らの側からすると、私の言動が彼らに何らかの影響を与えているのかもしれない。所作、話したこと、諸々のなかの何がしかが無意図的に伝わっていく。それが彼らの心に残り、物事を判断する際に作用するかもしれない。彼らの子育てにもかかわってくるかもしれない。

このようにながめてみると、なんでもないような自己のあり方は社会的な関係性のなかで他者に意識的、無意識的を問わず、何らかの影響を及ぼす作用をしていることに思い至る。こういうことが、社会を変容させていく小さなひとつでもある。

個人は社会の成員であり、社会と相互作用をし、社会が発展して歴史がつくられていく。

学校教育における世代の継承

日本に近代的学校制度ができて以来、国家目的に、人間教育に、学校はその時々の要請に従って様々に教育という役割を果たしてきた。現世代の公教育の目的は「教育は、人格の完成を目指し、平和で民主的な国家及び社会の形成者として必要な資質を備えた心身ともに健康な国民の育成を期して行われなければならない」（教育基本法（教育の目的）第一条）とされている。

そのなかで、子どもたちに直接かかわって教えることを専門とする職業が教師という仕事である。だから教師はプロフェッショナルとして、現世代がもっている知識や技術などを、きちっと子どもに伝え渡さなくてはいけない。そのために教師には教えるという専門の技術が必要となる。しかし、子どもには教えれば伝わるというものではない。子どもの性格や発達の状況などを見極めて、知識や技能を感動・悲しみ・驚き・喜びなど感覚を働かせて学ばせるようにする。伝わるように教えるための、子ども理解、指導技術や教材研究などを深めることは、専門職として教師のすべき基本的なことである。

教えるということには、伝えることと伝わることとがある。伝えるということは意図的、技術的に意識して行うことである。一方伝わるということは、無意識的なものである。教師の言動の諸々により教師自身の意図しない事柄が子どもに伝わっていく。新米教師であろうとベテラン教師であろうとそれは変わりない。どちらにしても教師の振る舞いが子どもの発達に影響を及ぼしているのである。

小学校教育過程での担任と子どもとの出会いは、たった一年、二年間というもの。しかしそれは子どもの生涯発達の基礎となる大事な期間である。教師は子どもの将来にわたって責任をもつことはできないが、しかし今の出会いには責任をもたねばなるまい。教師という自分を通して子どもに伝える責任と、自分が意図せざることが伝わり、子どもに何らかの影響を与えるかもしれないということの責任である。教師の仕事は全人格的な行為である。

次の新しい時代を生きる子どもは、現在の社会への同化のみではなく、現在を超えて新しい社会を創造していく主体者でなければならない。だから「教育には、つねに現在をこえて、新しい自己を、新しい人間社会を創造するという働きが含まれている」[2]。小学校教育は文化の伝達と社会化、そして新しい政治や文化を創造するという、現在を超えて生きていく発達の基礎の形成を課題としている。

文化の伝承といっても、文学、芸術、科学、技術、政治、社会、宗教など多様な領域や内容があり、学校で教えることはそれらのほんの一部でしかない。後は子ども自身が学んでいくのである。それを子ども自身が社会に出て社会や時代の構成者となるなかで発展させ、さらに次の世代に伝承していく。子どもはやがて親になり子どもを育てる。たとえ子どもをもたなくても社会的な活動のなかで他者とかかわり、そのなかで次世代を育てることにつながっている。子どもが前の世代を受け継いで、うまくバトンタッチをして次につなぐためには、現在の自分や自分自身にかかわる他者や諸々を超えてくれなければならない。「すべての社会は、子どもから親へと発達していく過程にある人間で成り立っている」というエリクソンの言葉は味わい深いものである。(3)

注

（1）神奈川新聞報道部『いのちの授業――がんと闘った大瀬校長の六年間』新潮社　2005　なお、NHKスペシャル「よみがえる教室」神奈川県茅ヶ崎市　浜之郷小学校長大瀬敏昭も参照

（2）堀尾輝久・松原治郎・寺崎昌男編『教育の原理Ⅰ――人間と社会への問い』東京大学出版会　1993　p.237

（3）E．H．エリクソン　仁科弥生訳『幼児期と社会2』みすず書房　1993　p.183

2　人とのかかわりのなかで

意味ある他者

人は、その時代の状況や社会的な対人関係のなかで生きていく。そして、自分にとって意味ある他者との出会いを拡大しながら、その発達段階における自分のアイデンティティ、自己形成がなされていく。

学童期における私のアイデンティティ形成の核となった意味のある他者との出会いは、精神養子縁組によるものであった。

洋子おばさまは私の精神親である。

小学校六年生のとき養子縁組をした。広島大学の学生たちによって、原爆孤児を集めてクリスマス会やもちつき会などが催された。それが発展して教授や作家などにより、広島子どもを守る会として原爆孤児の精神養子縁組が進められた。精神親から毎月送られてきた一〇〇〇円は今考えると大金だった。お礼の手紙に学校や日常生活の様子などを書いた。洋子おばさまと呼ぶことになったのは、精神親が決まったとき担任の先生にそう教えられたからである。京都にお住まいで、大学にお勤め、キリスト者、独身、といったプロフィールは私には口頭で教えられた。

『栗毛のパレアナ』という本が送られてきたことがあった。『足長おじさん』を読んでいた頃のことで、パレアナが清々しく成長していく姿に自分を重ねて憧れて繰り返し読んだ。

中学生の頃、ブラウスにと薄い水色の布が届いた。お礼状を書かないで放っていたのを祖母に叱られた。二階に間借りをしていた大学の先生に、そういう礼状は、「結構な物をお送りくださり、ありがとうございました」と書けばいいと教えられ、そういういい言葉づかいがあるんだと知った。間もなく返事が来た。

「二階の先生に教えられて書いたのでしょう。そういう手紙は受け取ってもうれしくありません」という文字がズキンと突き刺さった。これからはちゃんと自分のままで書こうと反省した。

高校生になったときに送金をお断りする手紙を出した。昼間勤めるようになったからだ。それに義務教育を終えるまでという養子縁組の規定もあった。「あなたが勉強を続けたいのなら、それが終わるまで送ります。しっかり勉強しなさい」と言われた。

学校生活の様子を手紙に書いたとき、「傍観者であってはいけません」と諭されたこともあった。

その頃洋子おばさまに会いに行った。手紙にあったとおりの由井正雪そっくりのオールバックのおかっぱ、お化粧なし。きりっとした顔立、頭に斜めにのっかかっているベレー帽が、なんともかっこよく見えた。

「よく来たわね。疲れたでしょう」

怖そうだとばかり思っていたのに笑顔とともに、やわらかな京都弁が聞こえてきてほっとした。下鴨神社に近い商家の二階に間借りしておられた。間口の狭いところを奥深く入っていくと明るくなって中庭があった。そこを通り抜けて、急な階段を上がっていったところがおばさまの部屋。中庭でポンプを押し歯磨き、洗面をした。その後長岡というところに引越しされて、今はマンション住まい。

何度か訪ねるたびに、いろいろな話を聞いた。予約していった昼食の懐石料理の二万円近いわけ、調理人の心意気なども。学校から帰られるときに待ち合わせて市場に寄った。鞄から風呂敷を出して袋状に結んで腕にかけ、「これ、路地もの?」などと尋ねて買い物。部屋のガラス戸を開けると小さな庭があり、そこでは三つ葉やネギなどが生えていた。「それはおみおつけの具ね」と買ってきた根っこの部分を植えておくとのこと。

私がウイーンに勤めていたときには友人との旅行中にアパートを訪ねてみえた。びっくりするやら、うれしいやらで、腕を組んで食事にいったりして夢中で話をした。外国旅行はたびたびのおばさまだったのに、にこにこしながら聞いてくださっていた。

「年齢が高くなっても惚けないように工夫しなきゃね」

と、三つのポイントを言われた。まずひとつは料理をすること、二つはおしゃれをすること、三つは語学を続けること。三点とも揃っているおばさまのようには難しいが、せめてさわやかに生きることを真似たいと目標である。八四歳の夏、胃の手術をされたが、以前よりも溌剌となさっている。

家庭や学校を超えた大きな社会が、善意に満ちていることを教えてくださったのが洋子おばさまである。

理不尽を引き受ける

人は想像を超えるような理不尽に遭遇したとき、被害者としてではなく、そのときの自分がどのように行動したのかを厳しく問い詰めて、理不尽を自分自身のこととして引き受けようとする。それは心の奥底に沈潜して言葉を失わせる。しかし、言葉にならないことを引き継ぎ、次世代に伝えていく、そういう継承の努力もまた必要なのではあるまいか。

原爆さえなければという祖母の言葉を聞いたことはあるが、アメリカが憎いと言ったことはない。私の父と母の妹を探して炎が収まるのを待って爆心地に入り、黒焦げの遺体を引き起こしては確かめたが見つけることはできなかった。アメリカを非難する言葉を聞かなかったのは、祖母の弟夫婦がアメリカに移民しているからということとは違うように思える。祖母を平和記念資料館に連れて行ったとき外に出てから、「あんなもんじゃない」と呟いて公園のベンチに長いこと座っていた。そのときに写した祖母の写真が仏壇のなかにある。息苦しい時間を過ごした後だったのに、目をやや伏せたやさしい笑顔である。

Sさんは父の教え子である。教え子、というには失礼なような感じもする。Sさんに出会ったのは一五年前のこと。図らずも父が勤務していた爆心地の小学校に私も勤務するようになってからのことだ。以来、毎夏仏壇にお参りに来てくださっている。

「ずっと心に引っかかっていた。先生は原爆で亡くなられたと聞いた。子どもの頃ご自宅に伺ったこともあった。石川先生あっての現在の自分だとずっと思ってきたのです」

一九五六年のメルボルンオリンピックにサッカー選手として出場。その後もサラリーマンをしながら多くの大会で選手として、また監督として活躍。高校生にも指導して全国優勝し、母校でもボランティアとして長く監督を務めてこられた。

「S中学校を受験できたのは先生のお陰。五年のときに担任してもらった。六年になったときに先生は研修で東京に行かれ、代わりに担任となったのは音楽の先生。やんちゃ坊主でいたずらするし、その先生にはいつも叱られてばかりだった。受験したいと言っても、どうせ落ちる、と取り合ってもらえなかった。たまたま先生が研修から帰ってこられたので、相談にいったら内申書を書いてくださった。そして受かった。先生のお陰でそこからたまたまサッカー人生がはじまった。先生はスポーツが上手で、かわいがってもらった。もちろんよく叱られもしたが」

Sさんのお話によくでる「たまたま」という言葉がとても印象的である。この世に生を受け生きるということ、全て「たまたま」でしかないのかもしれない。そのSさんの母親は被爆死。父親の奔走でS中学三年に復学が可能となった。しかし自分は早く卒業して働きたいと思っていた。高校を卒業してM社に入社できて、腹いっぱい食べることができるようになって、とてもうれしかった。

「同級生が集まったとき、語り部をやろうと誘われた。自分にはどうしてもできない。単純に話すことができない。話すということは、自分には生き残っていることへの言い訳になってしまう。中学生のとき、市役所裏の建物疎開作業中に被爆し、逃げるときOくんと出会った。一緒に御幸橋まで逃げていった。その橋のたもとで、Oくんは疲れたから休んでいくと座り込んだ。じゃあ後で来いよ、とひとりで緑井の方へ向かった。そこは町内の者が避難していくところと決められていた。しかしずっと後になって聞いたところによるとOくんは行方不明とのこと。Oくんの親が自分の父親に知らないかと尋ねられたという。それを聞いてびっくり仰天した。なんであのとき無理してでも彼を励まして一緒に逃げなかったのか。たとえ一緒に逃げたとしても彼が生きながらえたかどうかはわからない。しかし、そうであったとしても、一緒にひっぱっていけばよかった。その思いがずっと自分を苦しめる。こういう思いがあって、どうしても語り部として話すということはできないのです」

あの状況下でほかにも、炎に包まれていった家族を見捨てて自分だけが逃げた、そのことをいかにいおうとも言い訳でしかない、という話はいっぱいあっただろう。いくら思い返してみてもどうしようもないことだけれど、自分自身に問い掛けては責めを負っておられる。

二〇年くらい前の夏のこと。パリからドイツへ向かう列車のコンパートメントで初老の夫婦と一緒になった。最初は旅行先の話をしていたが、日本のどこに住んでいるのかと問われ、広島と答えると原爆のことを教えてほしいとのこと。それまでの笑顔が消えていた。広島の人間としてしかも外国で、私は直接経験していないのでなどとは言えない。祖母から聞いたことなど知っている限りのことを話した。「…だからあなたは結婚しないのか」と言われた。話に区切りをつけてちょっと休んだ。ややあって婦人が長袖のブラウスを捲り上げて右腕を私の前に差し出した。白いふくよかな肌に薄青い模様のようなものが見えた。

「私はアウシュビッツにいました。これはそのときの収容者番号です」

私は息を呑んだ。よく見ると５７３とあった。刺青で書かれている薄青色の数字を小さく声に出して読んだ。

収容所のことは思い出したくない、話せないような出来事だった。ガス室に送られる直前に戦争が終わった。夫も別の収容所にいた、の言葉に主人は袖をちょっとひっぱり上げて見せた。数字は読めず薄青い色が見えた。ふたりとも夏もずっと長袖を着ているという。消せないのかと問うと、手術で消すことは可能だと。まもなく着いた駅で「話をありがとう。よい旅行を」とふたりは下車された。

上手にドイツ語が話せたらもっと深くいろいろと話を聞けたのにと残念に思った。いや、それ以上は無理だったかもしれない。重いことで人に話すことはないとも言っておられた。数字を消さないことは、同胞が殺され、自分は奇跡として生き残った僅かな生存者のひとりだという証としてであろうか。

戦争という人間の犯した行為から、計り知れない理不尽が様々にもたらされる。祖母の悔やみは、もっと探してやればみつかったかもしれないということ。Sさんは、友をなぜ放って行ったのかという責め。アウシュビッツの元収容者夫妻の、なぜ自分は生き残ったのかという重い問い。それらは自分が罪を犯したという負い目である。子を、友を見捨ててしまった、あるいは生き残ったということは、悪いことをしてしまった加害者と同じことではないのか。法の下では、あなたのせいではないといわれるであろう。しかし法的な裁きを受けることによって人は救われもする。そうではないがゆえに苦しんでいかねばならない。

言葉にできない戦争の体験。そういう負の教訓は、もう次の世代で繰り返されてはならない。そのためにこそ、私たちの世代は前の世代の悔恨と祈りを受けとめ、次世代に伝えていかなければならない。

3　私を育ててくれた恩師

教師になる

　Ｆ先生は教員採用試験のときの面接官のお一人で、私に質問された。

「今までどういう先生に教えてもらいましたか？」

「小学校一年生がＯ・Ｉ先生で、二年と三年がＯ・Ｍ先生で、四年から卒業までがＫ・Ｓ先生です。中学校は――」

「はいわかりました。もういいです」

　面接では何を聞かれるのだろうかと緊張していたのが、思いもしない質問で気分が楽になった。先生は、「私はもういいです。どうぞ」と隣の面接官の方を向かれた。そのときはＦ先生ということは知らなかったが、にこやかな顔が心に残った。

　小学校教師として採用になり、六月に新任者研修があった。授業をして指導主事の先生から指導助言を得るというものだ。道徳の授業をすることにした。授業は、同学年の先生ふたりが、指導案から模擬授業から教室の掲示まで、全て整えてくださった。うまくできて当たり前である。新任とは思えない授業だったといわれたが、小さなわだかまりが心の底にあった。私の授業じゃない。自分がしたことは、教具のペープサートを三個作っただけだ。釈然としない心を抱えて、放課後の教室で指導主事のF先生と向かい合った。

「立派な授業でした。ベテランの先生からあれこれ教えてもらったことをやりとおすということも大事なことです」

一年生の小さな椅子に座ってF先生の言葉を聞いていると、自分が一年生の子どもになっているような気分がした。

「よかったところはいっぱいあります。それは置いといて、今から今後こういうことを考えてはどうか、ということを言います」

開け放った窓から涼しい風が吹き込んでいた。

そのときの記録がノートにある。

六／一三PM二：〇〇　指導主事訪問反省会「道徳学習」
・一方的な価値の押し付けの指導とは異なるのが道徳
・ただときには押し付けも必要である
・道徳の時間中に先生の主張をはっきりと出すべきだ

（教師自身がまだ道徳的には未熟であるという自覚にたつ）

・先生の体験談を話すこと

・善悪はわかっている。しかしそのなかで何がわかっていないかを教師が理解して道徳の時間に取り上げてつっこむ。平素の子どもの実態をつかまねばならない

（　）書きの言葉はとても重要なことである。教師はなんでも自分がよく知っている、教える立場なのだと構えて子どもの前に立つ。しかし子どもは先生の謙虚な姿勢にこそ共鳴し、つながっていくものだ。

外国をみる

海外に出かけるということは、いまではごく普通のことであるが、わずか三〇年前はそう簡単なことでなかった。

私が外国へ行きたいという夢をもったのは、玉川大学で小原国芳学長の講話を聞いたのがきっかけだ。通信教育の夏期スクーリングに参加したときのことだった。壇上から穏やかな独特の口調で語りかけられ、ときには白髪を振り乱しながら熱を込めて話された。話のなかで言われたことが二つ心に残っている。ひとつは「外国へ行きなさい」。自分の目で外国を

見てきて、教室の子どもたちに話してやりなさい。もうひとつは「ピアノが弾けるようになりなさい」。どこでもたいていピアノがある、それを弾くとどんなに慰められるかわからない。味わい深いときをもつことができる。

それを聞いたとき絶対にそうしようと思った。昭和四〇年代始め頃のことで外国へ行くなどとは夢の向こうの話だった。でもいつかきっと行きたい。そして子どもたちに話してやれるようになりたいと、心に強く思った。

初めて外国に出かけたのは、一九七四（昭和四九）年夏のヨーロッパである。旅行会社主催の教育視察ツアー。小学校、中学校、高校の先生一〇数名で、イギリス、フランス、ドイツ、オーストリア、イタリアを巡る二一日間は観光が主だったが、小学校の入学式への参加と現地の先生方との懇談などもある充実したものであった。この旅のなかで団長の大学教授M先生に教えていただいたことが心に残った。

パリからフランクフルトに列車で向かっていたとき、ときどき羊の群れが見える丘陵地帯が延々と続いていた。瀬戸内育ちの目には、車窓に迫る高い山々や海がないことは新鮮な驚きであった。飽かず眺めていると、M先生が言われた。

「こうして長時間列車が走るのに身を任せているだけというのは退屈なもんです。でも、何もしていない時間というのはとても多くのことを思考している時間なんですよね」

フランクフルトでの小学校の入学式は八月二〇日に、学校の体育館のようなところであった。前の方に一年生の子どもたちが椅子に座っていて、周りをとり囲んで父母たちが立っていた。小さくざわめいているなかで、大柄な女性の先生が子どもたちの前に立ち、パンパンと手を叩いて、なにやら話し始められた。校長先生ですよとM先生。そして、日本からお客様がみえていると紹介があったらしく、先生はおや予定していなかった、と言われながら校長先生のところに行かれた。ドイツ語で挨拶をなさると、父母たちから拍手が起こった。それで式は終わり。あっけないものだった。

イタリアへ向かうバスの車中で、自己紹介をし合った。出身地が鹿児島、博多、山形、福島、東京、広島などで、話し言葉のニュアンスもそれぞれに異なっていた。ヨーロッパと日本も違うけれど、日本国内もいろいろな違いがあるものだと思った。

教育視察ツアーを皮切りに毎夏のように出かけていくようになった。団体旅行は自由が利かないので一人旅。何かの目的をもってどこかの国へ行くというのではなく、行きたいなと思ったところへ、旅行会社に航空券の手配を頼んで、『六カ国語会話』の辞典を入れた小さな鞄ひとつで出かけた。

クラスの子どもたちへのお土産は、珍しい飾りの付いた鉛筆、ペーパーナイフ、財布、ボールペン、お菓子などそのときでいろいろであった。旅先からひとりひとりに絵葉書を送ることもあった。あるとき五年生にスライドを見せたときに、「先生が写ってない」とＫくんが言った。ああそうか、買ってきた観光案内のスライドを子どもたちに見せてやってもおもしろくないのだ。それからは自分で撮った写真をスライドにして、一枚は必ず自分が写っているようにして子どもたちに見せた。

今は大人になったかつての子どもの何人かが言う。イタリアのお土産の皮のしおりを今も手帳に挟んでいる、外国の話を聞いて自分もいつか行こうと思った、地球が丸いということを実感した、などと。私に深淵なる考えなどはなく、ひたすら子どもたちに見てきたことを伝えてやりたかった。楽しそうに聞いてくれるのもうれしかった。

ある先生から戒められたことがあった。子どものなかには経済的にたいへんな家庭もあり、外国旅行の話などを自慢そうに話すのはよくないと。私はそうは思わなかった。話の後で子どもが、

「○○という話がおもしろかった」

などと言ってくると、

「あなたも大人になったらきっと行ってておいでね。今とは違うことになっているかもしれないよ」

と返してやったりした。

教師が夢をもち、夢が実現する姿を子どもに話すことができれば、それがどれほど子どもに夢をもたせることにつながるか。次世代を育てるということはそういうことでもあるように思う。

管理職になる理由

教頭試験に臨むようにとH校長先生から言われたのは、社会科教育の全国大会を翌年に控えた一二月のことだった。「○○について述べよ」という小論文を書いておくようにと言われていたが、管理職になるといった思いは毛頭もたなかった。授業会場校のひとつとして、全校をあげて社会科と生活科の授業公開をすることや、校内研究の基調提案についての準備などに没頭していた。

冬休みに入り研究会のメンバーが集まって事前研究を行っていた。校長室にくるようにとの連絡が入り、何事だろうと思いながら行くと、

「レポートを渡しなさい」と言われた。

「教頭にはなりたくありません。社会科の勉強をして、学級担任を続けます」当然のように返した。とたんに、

「あなたは広島市にさんざんお世話になっておきながら、その恩返しをしないんですかっ！」

強い声に思わず首がすくんだ。

「……あの……レポート、書いてません」

「今から直ぐに書きなさいっ！　五時には役所へ行きます」

「今、社会科の会議をしています」

「そんなことはどうでもいいですっ！」

教室に走った。あと一時間しかない。書き上げて持っていくと、

「社会科の全国大会のことについても書き加えるように」

また走って教室に戻り、仕上げて渡したのは五時をまわっていた。


恩返し、そういうことなんだ。教師になってから、研修会、研究大会、講座などいろいろと参加させてもらってきた。日本人学校へもいかせてもらった、二年間も現場を離れて大学院へいかせてもらった。まこと、これまで数知れずお世話になってきたのだ。今度は後輩のために働くことを考えなくてはいけないのか。このままでいいと自己満足している場合ではない。ふりだしに戻ってまた新たな次が始まるということを思い知らされた。

H校長先生から「これを読んでしっかり直してください」と、時折原稿を渡されることがあった。新聞に掲載される予定のものや会報や紀要などの文章であった。文を読むことは好きでもあり、ちょっとした言い回しなどのところを怖めず臆せず修正した。ある会合のとき

に H 校長先生が言われた。

「私の文章はみな石川先生に直してもらっている」

食事の席でもあり冗談のような響きもあって、へえ〜と何人かの顔が私を見た。

「ほんまよ。ね」

と念押しをされたので「はい」と答えた。

全国からみえる先生方の前で、学校の研究について基調提案をする役目への自信づけだったのだ、あれはこういうことだったのだと、ずっと後になって思い至った。

教頭として赴任する前日、H 校長先生に言われた。

「あなたは教頭としての仕事は十分にやっていくことができます。二つだけ言っておきたいことがあります。ひとつは、校長先生よりちょっと早めに来て、校長先生よりちょっと遅めに帰ること。もうひとつは、校長先生がおられるところでは酒は慎むことです」

校長室のソファーにかしこまって座っていたがそれを聞いて、教頭というのはそういうことなんだと、おなかの底になにかが納まる感じがした。今までの学級担任とは全く違う枠組みのなかの仕事が始まるのだと思った。その後、校長を補佐するという教頭の仕事を考えるとき、この言葉を思い浮かべては味わった。校長先生と一緒の席では、注がれたビールのコップにちょっと口をつけるだけにした。もっとも、地域の偉い方々やPTAの役員さん方などがおられるところではおいしいと思えなかった。

「教頭さんを鍛えにゃぁいけん」

と役員さんに言われた。それまで社会科の仲間はみんなよく飲み、よく喋っていた。そういう仲間の一員だったので少しは飲んでいたのだが。

学校の組織のなかで仕事を任されたり、研究授業では、板書のしかた、声の抑揚、子どもへの目配り、資料の作成などもろもろ細かく指導を受けた。それらは全て子どもたちの前に教師として責任をもって立つためである。先輩からそうやって教えられ育ててもらった。ならば、次は若い先生方に自分の経験のなかから何かを伝えていくのはひとつの責任でもある。子どもたちを育てていく営みが続いていくようにと願いを込めて。

4　学校と家庭・地域社会との連携

子どもの発達と多様な経験

子どもは自らの経験を通して発達していく。経験によって自分のものの感じ方や見方をもつことができる。それは子どもの育っていく家庭や地域社会などの環境によって左右される。例えば、乳児は母親に世話をされるということのなかで「経験の一貫性や連続性、斉一性が自我同一性の基本的観念を準備する」(1)とエリクソンもいっているように、発達のその時期の経験は重要な意味をもっている。

家庭のなかで全人格を守られて育てられるという信頼関係を通して「希望」という基本的な徳目をまず獲得する。(2)子どもの健康、生活習慣や道徳性などによって、生きていくための基礎をつくるという重要な責任が家庭にはある。そして様々な場面での躾によって善悪、我慢、などを知り社会化が図られて、小学校に入学するまでの段階で、子どもの人格の基盤はほぼ整っていく。

子どもが家庭の外にでて体験するのが地域社会である。地域社会はその地域固有の文化をもつ共同体である。山川草木、気候などの自然的環境や、建物、施設、行事などの文化的環境が地域社会の姿や雰囲気を形成している。その地域社会の環境のなかで子どもは物的、人的な様々なかかわりをもって生活していく。そこには、賑やかな通り、店、シャッターの降りた商店街、行き交う人々や乗り物などなどがある。近所には勤め先をリストラになったお兄さんもいれば、玄関の前に花をいっぱい咲かせているおばさんもいる。そのような景観や人々が、子どもの日常生活のなかで何気なく目に入っている。

なかでも地域の祭りという行事は非日常の世界がくりひろげられる。数日前から神輿や幟などの準備が行われている。祭りの前夜には神社の前には屋台の店が立ち並び、境内では神楽が舞われる。舞台では角をもった鬼がいる。あれはだれか人なのだとわかっていても、仮面の鬼はお囃子の激しい音色のなかで恐怖心を起こさせる。ふと見ると舞台の横に張り渡された縄綱に「金五千円也〇〇〇〇様」などと書かれた紙が貼り足されていく。こういった非日常の華やぎや幻想的な雰囲気は超自然の世界を感じさせられるものである。宗教心云々でなく地域社会の人々はこういう行事を大事に守り伝えてきている。地域社会は子どもたちに有形無形の教育力をもって存在している。

そして学校は、子どもたちに必要な学習としての経験を、計画的、系統的、統合的、組織的にさせる教育の場である。心身が著しく発達する段階にある子どもの知徳体の能力をバランスよく活性化させ、その子の可能性が広がるように教育をする。学校教育は、その時代の社会の情勢や政府の意図などの、社会的、政治的、歴史的に様々な変革がなされて行われている。

子どものための連携

学校に対して家庭からよく言われるのは「よろしくお願いします」という言葉である。それは、うちの子どもにしっかりと力をつけてほしい、知的学力も体力もそしてみんなとも協調して伸びるように、と家庭からの切なる当然の願いである。

地域社会からは「何でも協力しますから、必要なことは言ってください」と言われる。学校に対して地域でできることに骨惜しみはしないというのは、子どもたちの健全な発達を願うゆえである。地域社会の人と子どもとのかかわりはいろいろある。

あめ玉のおじさん

二年生の担任から相談を受けた。

――子どもたちが下校の途中で、おじさんにあめ玉をもらって食べている。家ではいけないと注意しているのに、他にももらっている子が何人かいて、どうしても自分もほしいらしく、やめない。学校で注意してもらえないだろうかという保護者からの訴えであった。

知らない人に物をもらってはいけない、下校の途中に物を食べてはいけない、などのことはよくよくわかっている。しかし、そのおじさんは下校のときに度々出会って、名前は知らないけれど馴染みになっている。しかし、いけないことはいけないので、いりませんと自分で断わるようにと担任は指導した。

その後一ヵ月近くたってもやまないようだったので、そのおじさんを訪ねて行った。六〇代くらいの人は「子どもがかわいくてしかたないんですよ。毎日のことじゃないし、いいことにしてくださいよ」と言われる。でもやはり子どもたちにはいけないと教えなくてはならない、親御さんも心配されると話した。「私は独りもんでさびしいんですよ。これくらいの楽しみはこらえてくださいよ」涙を溜めて哀願されてかわいそうに思う。「ごめんなさいね。おかえりと声を掛けてくださるだけで子どもたちはうれしいのですから」とお願いした。

そのうちやんだようだった。おじさんと子どもたちとの交流はその後どうなったかと心が痛んだ。

Nおばあちゃん

校長室のソファーに座っておばあちゃんは立腹して言われる。

「この頃は学校でどういう教育をしとるんじゃ。下校していく子どもにお帰りと、声を掛けてやっても、こっちを見向きもしなかった。友だちと追いかけっこをしながら帰っていた子が転んで、ランドセルからノートや教科書などが散らばった。拾ってやったのに、ありがとうも言わずに逃げるように駆けていった」

「そりゃあ、おばあちゃんの顔が怖かったのよ」

「ふん！」

「まあ、今頃は物騒な事件もよく起こるし、親も人を信用するなと教えにゃいけんじゃろう。情けない世の中になったもんだ」

いつもの道で、いつものようにたびたび出会って顔見知りになるしかないですねえ、と話し合った。

その後、子どもが「ただいま」と返すようになったとのこと。そして、スーパーマーケットで男の子が「あ、おばあちゃん、こんにちは」と挨拶してくれた。一緒にいた母親はきょとんとした顔だった。

おばあちゃんは生活科の学習や放課後の勉強のサポートとしてのボランティアでもある。だから職員室にも遠慮なく出入りして、先生方とも話していかれる。ときには、蕗を炊いた、小鰯を煮たからと小さなパックに詰めたのをいくつか持ってこられて先生方に喜ばれることも。

足が弱くなったと、今では腕から支える杖を二本ついておられる。でも背を伸ばしてしっかりした歩きだ。少女院に短歌を教えに通ってすでに長い。水彩画クラブ、老人会の旅行の世話役、小物作りの会など多彩な活動。おばあちゃんはかつて小学校の教師をしておられた。

「そりゃあ、原爆は大変なことだった。しかし、広島だけが戦争の犠牲者のような言い方をするのはまちがっとると思う。戦争の時代は日本のあちこちで空襲の大変な被害を被った。名古屋の空襲のとき、この腕のなかで教え子が息を引き取った。教え子の体がだんだんと冷たくなっていったのが、今も忘れられん」

おばあちゃんは声を詰まらせながら涙をぬぐった。

「ヘイワ、ヘイワと唱えりゃ平和がくるんか。そういうものじゃなかろう」

戦争というものがどういうものだったのか、そういう事実を自分の足元をみてものをいわなくてはいけないのだ。

「あんたも、いずれ地域にお世話にならねばならない。地域の人を大事にするように」とも話された。

学びとなる交流

学校には外部からいろいろな人を学習ボランティアとして招いている。例えば、老人会のお年寄りにさつまいもの植え付けを指導してもらう、図書室では本の読み聞かせやお話会、留学生にそれぞれの国の話をしてもらう、などの様々な人とのかかわりがくりひろげられる。しかし、ただ単に○○してもらうというのでは、かかわっただけに過ぎず、人間関係の学びとなる交流にはならない。交流することが新しい何かを生み出すものにしなくてはならない。子どもとゲスト・ティーチャーとのお互いが影響し合うという相互作用によって創造性が生み出される。どういうのが新しい創造になるのか。それが教師の教材研究である。交流のねらい、ゲスト・ティーチャーについての理解、資料の解釈、指導方法、子ども理解、などの教材研究を深めて、相互作用のある人間関係を子どもに広げてやることができる。

家庭の教育

学校教育、家庭教育、地域社会教育は、子どもの発達のための願いは同一であるが、その内容や質は異なる。異なっているがゆえに子どもにとってはそれぞれの場で固有の経験をすることができる。だから学校、家庭、地域社会が同じ内容や方法で教育をすることではない。それぞれが自立したものでなくてはいけない。責任をもってそれぞれの場でやるべきことをやることである。

台湾の知人からのメールにこんな話があった。

現地のエリート男子校、中学生の息子の学校での出来事である。学校の売店でクッキーを買おうとして取り損なって下に落としてしまった。彼は割れたであろうその物を取り上げて、そのままお金を払おうとしたら友だちが「割れてないのを買ったら？」と言った。彼は「これは自分が落としたのだからボクが買う」と言ったら友だちは「このクラスで心が一番きれいだ」と言ってくれた。

中学生なら支払い前のことの正当性を主張することはできる。また、そのような主張をすることをよいことだとする社会もある。学校ではどちらの行動が正しくどちらが誤りだということを教えるのではない。どちらも正当性をもっている。選択するのは自分自身である。彼の自己責任の言動は家庭教育によるものでもあろう。

不審者

子どもの安全のために、子どもや保護者にも注意をし気を配る。しかしどのようにやってもこれで万全ということは決してない。いつ、どこで、どのようなことが発生して子どもの安全が脅かされるか予測できないのである。痴漢の被害にあった、刃物のような物を持った男が通りを歩いていた、通学路にイノシシが出た、側溝の蓋がはずれている、川が増水している、などなど実に多種多様な事象が発生して学校に連絡が入る。特に子どもの登下校時については学校で対応することに限界がある。現在多くの学校や地域で、子どもの安全の見守りが地域社会の方々によって行われている。通学路のあちこちに立って、「おはよう」「いってらっしゃい」「おかえり」などと子どもたちに声を掛けてくださる。見守りは、保護者をはじめ、子ども会、老人会、交通安全推進隊、青少年健全育成会、民生委員、町内会などいろいろな団体から当番を決めて行われる。

不審者は昔もいた。子どもの頃夕方になると「子とろがくる」「サーカスに売られる」などと言って家路を急いだ。薄暗くなった道の遠くにマントを着た背の高い人物を見て心が凍った。その頃は悪い人は見るからに悪そうな風貌であったし、汚れた服で目も人相もきつく恐かった。それが今日では、一見いい人がよくないことをする。痴漢がそうである。六年生の女児が若い男性に声を掛けられて肩や胸をなでられた。高校生か大学生のようなすてきなお兄さんだった。二年生の男児がネクタイをきちんと締めたスーツ姿の人に駅へ行く道を教えてほしいと言われて、一緒に行くと足を触られた。みかけだけでは危険を感じることはないよさそうな人が子どもの前に立つ。子どもに善人悪人の判断はできない。声を掛けてくる人から逃げるようにと教えることも難しい。だから地域社会の方々の見守りは心強い助けである。他にも地域社会の方の手助けが必要なことはいろいろある。学校だけで子どもの安全を守りきれるものではない。

地域社会とスムーズに協調できるように連携が大事である。それがあって、地域社会からも学校に率直な意見を寄せてもらうことができる。

連携のための情報公開

かつてはお花見、七夕、夏越祭などと、季節を愛でたり健康に過ごせるようにと家庭で行う当たり前の行事があった。笹に折り紙の飾りを取り付けて短冊に願い事を書く、菖蒲湯につかるなどのことを通して身体感覚で季節の変化を受けとめ、味わうことができた。

それが今日では学校の学習として行わなければ、子どもたちは商業ベースやマスコミの伝える映像の風物詩として接するだけのことが多々ある。もちろん学習は体験的な活動を通してと、単なる知識ではない学習が意図されている。しかし子どもにとってはあくまでも学習であって、生活のなかの実感ではない。だから、「学校でこんな学習をしました。お家でも話し合ってみてください」とお願いをする。家でお父さんやお母さんの子どもの頃はこんなふうにしていたよ、おじいちゃんの住んでいるところでは……などと親子で語り合ってほしい。それが行事の意味を味わったり親子の絆を深めたりもする。だから学校での学習を家庭や地域社会に伝えて知ってもらうことが子どもの発達にとって大事である。学校の新しい教育とはどんなことなのか、今この学校でどういうことが課題なのか、そういう情報を家庭や地域社会に伝えてわかってもらうことが基本である。それがお互いに意味のある連携となる。

学校、家庭、地域社会の協調性のある連携が必要である。三者それぞれが自立し長所や足らざる所をわかっているから、しかるべきときに助けてくださいといえる。自立していることとは依存するということでもある。それが、お互いに影響を及ぼし合いお互いが変化していくという相互作用である。そのために学校は、家庭や地域社会に情報をわかりやすく公開していく努力が必要である。

注

（1）E．H．エリクソン　仁科弥生訳『幼児期と社会1』みすず書房　1993　p.317

（2）前掲書（1）p.353

5　育っていく教え子たち

子どもの成長を感じるとき、教師としての喜びがある。教師は子どもの学習能力を育てていくが、同時に自らも学習能力と意欲をもっていなければならない。それであってこそ教師は子どもに学ぶことができ、子どもは子どもとして、教師は教師としての成長があり、育ち合いが可能となる。こうすればいいというマニュアルはない。ずっと続く教育活動である。そのなかで教師自らが多様なことを学んでいくことができる。[1]

教え子たち

かつての教え子が訪ねてきたり、数人で誘い合って食事をしたりということがある。

――ぼくの誕生日にもらった先生からのカードを今も持っている。そのなかの、よく見てよく考える、という言葉は仕事のとき折に触れて思う（職場で主任になったJくん）

――先生の外国旅行の話から地球が丸いということを知った（スペイン人と結婚したYさん）

——三人の子どもの教育費の足しにパートを頑張っている（Tさん）
——小学校の担任とずっとつきあっていることを職場の人に驚かれる（金融会社の指導的立場にいるMさん、Iさん）
——幼い時に別れた子どもに恥ずかしくないように生きる（シャンソン歌手として頑張っているRさん）
——Y市の町づくりNPO法人に就職がやっと決まったので彼女と一緒に行く（Tくん）

小学校のときに一年間あるいは二年間担任しただけのかかわりの彼らが今もセンセイと呼んでくれる。立派な大人になった姿をみるとなにか気恥ずかしい思いもする。本当に自分は彼らにちゃんと教えることができたのであろうか。いったい彼らに何を伝えることができたのであろうか。

O先生は私の小学校二年と三年の時の担任の先生だった。今も目に焼き付いていることがある。二年生の時ある朝、先生が言われた。「昨日、総理大臣がこんなことを言った。貧乏人はムギを食えと。ときの総理大臣がなんたることを言うかっ！」唾を飛ばしながら、拳骨を振り上げて、何度か繰り返し叫ぶように言われた。私は一番前の真ん中の席で、先生の赤くなった顔を見上げていた。唾がしきりに顔にかかった。二年生たちはみなしーんとしていた。私には何のことかわからなかったが、先生がとても憤慨しておられたことと、言われた言葉が強烈に焼き付いた。先生は教師になられて間もない頃だった。教師になったとき、同和教育担当の指導主事をしておられるO先生を訪ねた。小学二年生のチビたちに憤慨して言ってくださったことが、すごいこととして印象に残っていると話したが、先生は「そんなことを言ったか?」と笑っておられた。

私は子どもたちにあのように熱を込めて、身体中から吹き出るような言葉を言ったことがあっただろうか。

教師を超える

ウイーン日本人学校創立三〇周年の記念式典をきっかけにして、結婚してウイーンに住んでいるFさんと一緒に記念講演を引き受けた初代生徒会長のEくんが核となって、同窓生たちの交流が始まった。Eくんは日本からロンドンへ長期出張中である。

同窓会ホームページの掲示板で交わされた思い出のなかに、帰国してからの学校で帰国子女に対する様々ないじめの洗礼を受けた話があった。ほとんどの子がそうであった。任された期間を教えておしまいとなった教師の不甲斐なさにいまさらに気づかされた。しかし、子どもたちは口々に言う。先生たちは本当に一所懸命に教えてくれた。自分にとってはあのピンク色の校舎で学んだことは一生の宝ものだと。

Ｅくんは言う。先生たちは嘆くことはない。先生は巣立っていった子どものことより今自分が受けもっている子どものために一所懸命教えてほしい。子どもたちはそれぞれになんとか自立していくものだからと。

彼らはそれぞれに親となり、かつての小学生、中学生だった頃の自分と重ねながらわが子を育て、教師を大人としての目線で受けとめてもいる。

ウィーンから帰った学校に、かつて小学一年生のときの担任のＯ先生もおられた。なぜか先生は「恥ずかしい」といってあまり懐かしそうに話してはくださらなかった。私は不可解だった。

Ｏ先生のことは今も心に深く残っている。

入学したばかりの私たちを前に、黒板に大きく中国大陸の海岸線を描いて、「ここ大連で私は生まれました」と自己紹介をされた。目鼻立ちのはっきりとした美しい、大柄な先生は外国人なのかなと思った。

算数の授業のとき、家から輪投げを持っていった。グループごとに輪投げのゲームをして片付けた後、

「みなさんのなかでひとりだけ立派な子がいます。誰だかわかりますか？　――石川さんは、

輪投げの輪をひとつひとつ数えながら片付けました」先生の声が頭のなかに染み込んだ。

あんなにすてきな私のO先生。私にとっては今もあのときのままの先生なのに、なんとなく私を避けようとされるのが淋しかった。そのとき先生は家庭科の専科をされていた。算数で活躍しておられたが、その学校では年長者として専科に回されて気落ちしておられるという話を他の先生から聞いた。しかし先生の気もちはどうしても理解できなかった。

三〇年前の教え子たちと再会して、あのときのO先生の気もちがそっくり私と重なった。教師としての力量のなさ、人間としての未熟さ、そういったすべてをさらけ出していた自分に思い至る。けれどもかつての子どもたちはそういう先生に関係なく、またとっくに先生を超えて自分たちの時代を着実に生きている。

次世代が育つ

退職の年三月二五日。修業式を終えたところにお客様ですとのこと。思いもよらず大きな花束を抱えたTくんが立っていた。横須賀市から朝一番の飛行機で来てくれたという。校長室で話していると、一、二年生の子どもたちが一〇数人やってきた。「校長先生どうしてやめるんですか」「こんどぼくは二年生になります」「またあおうね」などの小さな手紙を渡してくれる。お返事は明日ね、というわけにはいかない。彼らを待たせたまま返事を書く。

「おじちゃん、誰なの？」

「あのね、石川先生はおじちゃんの先生だったんだよ」

「……ふ〜ん……」

なにか腑に落ちない感じの声が聞こえるなかでせっせと書いて、ひとりずつに渡してさよならをした。はからずもウイーン日本人学校のときの中学生であった子に、教師最後の姿を見届けてもらったのだ。

この出来事は、かつての教え子がひとりの人間として確実に育っているのを感じさせてくれた。彼は、人が仕事を定年まで勤め上げて退職するということの意味や重みを理解するがゆえにきてくれたに違いない。しかも、修業式という日は、教師として子どもたちの前に立つ最後の日。そういうことをひとりの人間としてわかってくれたのだ。そのように勝手に解釈しつつ感慨深く、身のちぢむような思いもする。

教師の仕事は次世代を育てるということでもある。次の社会をよりよいものにしていく大人になってもらわねばならない。教師がそのように育てるということではなく、彼ら自身が育っていくのだ。目の前にいるかつての教え子たちは自分でここまで育ったのである。学校で教師ができることは限られた時間と場所のなかでほんとうに小さなことでしかない。その限られたなかで自分は教師としてきちんと教えることができたのであろうか。申し訳なさと恥ずかしさがこみあげてくる。そして、よくぞこんなにまで育って、と惚れ惚れとみる。自分が育てたのではない、目の前の子どもが自分で育っていったのだと改めて思う。

子どもが親の世代を超えていく、というのは概して父性的[2・3・4]である。父子相克は、子どもが父親をモデルとして同化しつつ成長し、やがて葛藤を経てより普遍的な価値を求めて父を超えていく。父は子が育った喜びとともに敗北者として、悲哀の感慨をもって世代の交代を認めていく。

しかし小学校教師と子どもの関係はどうであろうか。友だちと比べて焦るのを、あなたのままでいいよと抱きとめることや、弱者にやさしく接することを一体感で包み込むようにして教えるのは母性である。とくに低学年の子どもは母性がより多く必要な時期である。これに対して子どもを叱咤激励して頑張らせるのは個の確立や成長を願う父性によるものである。あるいは子どもの能力を数値化してその部分を客観的にみとることは父性である。その数値を子どもの全体像のなかで主観的に把握しようとするのは母性による。教師は両者のいずれかに偏ることなく、父性と母性とを自覚的にもって教育活動を行っていくことが必要である。それが子どもに安定した成長発達を育むことになる。

やがて子どもは父性的葛藤や試練を様々に経験しながら、身体的にも精神的にも教師を超えるときがやってくる。小学校の教師からみれば、それはまさに子どもが自分で育っていったのである。

注

（1）小原国芳編『例話大全集』玉川大学出版部　1970　p.580　ディーステルヴェークの言葉「進みつつある教師のみ人を教える権利あり」

（2）河合隼雄『子どもと学校』岩波新書　1996　pp.19-30「教育のなかの二つの原理」父性原理と母性原理について、父性は「切る」、母性は「包む」機能を主とする。父性は善と悪、できる者とできない者、何でも明確に区別するのに対して、母性はすべてを全体として包み込んでいく。父性原理と母性原理は一長一短で優劣を論じることはできない。原理を深めることを考えるべきだ、と述べている。

（3）林　道義『父性の復権』中公新書　1996　pp.125-127　父が権威をもって価値体系が必要であることを示すことにより、子供の内面に人格としての基礎や社会基軸に価値というものが必要だと言う感覚が植えつけられる。その上で子どもは父親の価値を受け継ぐか否かは関係なく、より高い価値を求める姿勢を持つことが大切であると説いている。

（4）正高信男『父親力』中公新書　2002　p.166「父性の役割」は子どもを外の世界に導き、適度のストレスを克服しつつ困難に自力で立ち向かうことのできる存在へと発達するために「同行二人」のような形で子どもを見守り、必要に応じて手を差しのべ、前に踏み出す手助けをするのが父性の最大の任務と述べている。

あとがき

学校教育は一律の学びを強いなければならない、しかも個の自立や個性を育てることもしなければならない、と教育は矛盾をはらんでいます。たとえば、Ｅ・フロムはその著『自由からの逃走』（日高六郎訳、東京創元社　1983）のなかの「個性の幻影」（pp.266–282）で次のように言っています。

あらゆる環境に適応するように教育する。しかしそれは個性を消さなければ順応できない。順応するために自分の感情をおさめなくてはいけない。相手の立場になれと、自分のものではない感情をもつように教える。感じのよいパーソナリティが育たなければ適応はできないのだ。

また牧柾名は、『教育の原理Ｉ――人間と社会への問い』（東京大学出版会　1993　pp.230–231）で述べています。

「教育」ということばは、魔術のように、人びとの認識を誤らせ、判断を曇らせてしまう働きをもっている。教育的配慮とか、教育上の必要といわれると、それは人間の生存や発達にとってよいことのように思われ、それほどではないにしても、やむを得ないことのように感じられ…「教育」がいつも、子どもの幸福につながっているとはいえぬ…

さらに西平直は『教育人間学のために』（東京大学出版会　2005）のあとがきに書いています。

教育は無力か…どんなに努力しても同じことなのか。…教育の限界を知ることは、しかし、教育の放棄とは違う。限界を知りつつ、にもかかわらず、引き受ける。ギリギリのところで、でも、もう一度やり直していく。諦念を底に秘めた再挑戦。…

教育に携わるものの悩みは尽きることがありません。それでも教師という仕事は楽しいし、また同時にそれだけ責任のある仕事です。いろんな個性の子どもたちと接して、その子どもたちが日々それぞれに変わり、発達していくのを目の当たりにしています。一所懸命に頑張る、うまくできなくてベソをかく、授業終了のチャイムにぱっと表情が明るくなる、など子どものいろんな顔をみながら思わず微笑むことがあります。それはまさに自分の子ども時代と同様の子どもたちの顔です。発達過程にある子どもは心身ともにめざましく成長していきます。だから積極的に、熱心に学ぼうとし、友だちと協力し合って物事を成し遂げることを喜び、教師からの指示や助言を受けて、理想とすることを模倣し、よりよくなりたいと努力していくのです。

　そのような子どもたちの努力や成長に応えて、教師の指導にも熱が入ります。気がつけば、子どもを指導しつつ自分の子ども時代と重ねて教育しています。そういうのは教師だけでなく、大人はたいてい子ども時代の経験を心象風景の核にもっているのです。でも教師という仕事だからこそ、子ども時代の経験の束のなかからそれを引っ張り出すことを、意識的にあるいは無意識的にしています。それはいわば、教師である自分が、子ども時代の生き直しを経験しているようなものといえます。実に意味深い贅沢な仕事といえるではありませんか。そうであるがゆえに、子どもの前に立つ教師として、この自分でよいのかと自問自答する必要があるのです。

　子どもたちに教えた後で自分の未熟さを後悔する、その思いは強いのですが、それだけでは教えた当の子どもたちに対して失礼なことになります。当時の自分は一所懸命に教えた、最大限よかれと思い努力したのだと、自分を慰めるしかないでしょう。慰めながらも、そうやって子どもたちを教えたということに対して、誇りと責任をもたなくてはいけません。だから子どもたちとの出会いを一期一会として最大限の努力で教える、ということを大事にしてほしいのです。そういうことを若い先生方に伝えることができたらという思いです。かけがえのない今を生きている子ども、その子どもとともに教師として充実して生きてほしいと祈りつつ筆をおきます。

著　者

石 川 律 子（いしかわ　りつこ）

1944年広島市生まれ。兵庫教育大学大学院学校教育研究科修士課程修了。幼稚園、小学校、ウイーン日本人学校教諭などを歴任、2004年広島市立己斐小学校長を定年退職。

著書『仮面 ――小学校教師の教材探訪――』溪水社　2007 年

小学校の教師

―― 子どもを育てるしごと ―― 改訂版

2011 年 1 月 15 日　初　版
2012 年 11 月 1 日　改訂第 1 刷

著　者　石 川 律 子

発行所　株式会社 溪水社
広島市中区小町 1 － 4 （〒730-0041）
電　話（082）246－7909
ＦＡＸ（082）246－7876
E-mail: info@keisui.co.jp

ISBN978-4-86327-203-3　C1037

仮面

——小学校教師の教材探訪——

石川律子 著

「仮面」を教材として社会科学習の授業開発に取り組んだ過程での折々の考察。仮面をかぶることで自己を自覚し、自分の多様性が引き出されて友達同士の理解につながる。

A5判・三一〇頁・二〇〇七年九月一〇日発行

一八九〇円（税込）

Ⅰ　仮面と学習

喜の章　仮面とであう——子ども時代を映し出す仮面／ウイーンの「なまはげ」／社会化と仮面／ぼくは何人なの?／他

怒の章　民俗行事と仮面——子供神楽／ベッチャー祭り／ナマハゲに会いに／鬼／アンガマを訪ねて／ニコロ・シュピーレ

哀の章　文化と生活の中の仮面——仮面と芸術／「笑点」の司会者／子どもの表情を読む（その一）（その二）／他

楽の章　学校生活と仮面——学校生活と子ども／学習の中の仮面／子どもたちの仮面／喜怒哀楽の仮面／他

Ⅱ　台湾紀行

台北のひとびと——台湾紀行／台　北／歓迎ディナー／曹さんのお宅を訪ねて／林さん夫妻の招待を受ける

台湾の民族と文化——タイペイアイ（台北戯棚）／雨の淡水／二二八紀念館／林安泰／順益台湾原住民博物館

台北の学校と学習——台北日本人学校／有名進学校／日本語補習校の話／安親班

自分の仮面を獲得する